跳槽内参

黄铁鹰 主编

中信出版集团·北京

图书在版编目（CIP）数据

跳槽内参 / 黄铁鹰主编 . -- 北京：中信出版社，2018.5

ISBN 978-7-5086-5040-1

Ⅰ . ①跳⋯ Ⅱ . ①黄⋯ Ⅲ . ①职业选择 Ⅳ .
① F270 ② C913.2

中国版本图书馆 CIP 数据核字（2015）第 029277 号

跳槽内参

主　　编：黄铁鹰
出版发行：中信出版集团股份有限公司
（北京市朝阳区惠新东街甲 4 号富盛大厦 2 座　邮编　100029）
承 印 者：北京市十月印刷有限公司

开　　本：880mm × 1230mm　1/32　　印　　张：8　　字　　数：110 千字
版　　次：2018 年 5 月第 1 版　　印　　次：2018 年 5 月第 1 次印刷
广告经营许可证：京朝工商广字第 8087 号
书　　号：ISBN 978-7-5086-5040-1
定　　价：49.00 元

| 目 录 |

铁鹰的不同

宁高宁

铁鹰在中国可以说是一位很不同的管理学教授，说他不同是因为几点。

一是他注重调研，注重现实，注重搞清楚企业里究竟发生了什么事。他不通过猜想和推断创造理论，他的观点都在故事里。他想搞清楚一件事，就直接找到相关的那个人。这是一种研究的方法，也可以说是他的一个信条。因为他相信生活之树常青，他欣赏最鲜活的企业活动，他相信实践的创造力往往在理论之前。

二是他总以不同的角度来谈管理学的问题，比如说管理学大都是以资本为出发点，告诉人们如何管好你的投资，管好你的员工，从而让企业赚钱，让资本升值。但铁鹰的角度大都不是这样，他更多会从员工出发，从公司任务的实际执行者出发，从这些人的角度来评价公司，从他们的个体感受和利益得失来分析公司。这个角度往往容易被忽略，但是现在看来很重要，不论是对企业高层还是普通员工。铁鹰的这个角度并不是因为他故意想在理论上另辟蹊径，而是因为他相信公司持久发展的动力来自忠诚和充满活力的员工。

三是铁鹰的管理学著作总是很有立体感、场景感、画面感、人物感。我看了这本书的初稿后，总觉得大街上正在风风火火走路的年轻人可能就是书里的人，咖啡馆里的人说的可能就是书里的事。原来企业的大事就是我们生活中的琐事，原来我的闲聊也可以成为理论，原来家长里短也是哲学。这可能是铁鹰从理论到现实走了几个来回的结果。这本书，你可以看成是企业管理的书，也可以看成是职场打工指南，还可以看成是现代经济生活的剧本，反正这些本来就是在一起的。

四是与现实社会生活相吻合的人们的思想状态和价值观，是铁鹰分析所有问题贯穿始终的基调。他没有超越角色的境界提升，也没有不切实际的励志鼓动，他甚至没有提倡不太有把握的长远打算，也没有面面俱到周全协调，人性中的基本追求是他的永恒尺度。所以他的观点往往不宏大，不高调，但很实际，很自然。

五是铁鹰是个要解决问题的人，他从不把研究停留在理论和问题阶段。他一定会从调研中得出结论，告诉你应该怎么解决问题，如何去做，有什么好处和风险。铁鹰总把他的学生们当成朋友，他总是兴奋地谈论他的同学如何如何，他与他的学生们像是企业中一起工作的团队，他与同学之间的讨论是提出问题、分析问题、找出解决方法的过程。其实任何人如果认真地参与到他们的讨论中，都会从中受益。

想起有位名人说，文学的堕落是因为作者都变成职业的了，铁鹰在管理学上的不同可能是因为他不是全职业的吧。

这本书也许正是你需要的！

任志强

我初识铁鹰时，他还在人民大学读研究生，但已经开始为华远公司做咨询了。

15 年后，我们再相遇，他已是华润创业的副总经理了。当华远与华润合资之后，他成了我的大股东代表。亚洲金融危机之后，我与他在公司的管理和发展上产生分歧。后来，他离开了华润，随后华远也与华润分手了。再后来，他成了北大光华管理学院的访问教授。

多年的接触中，我们俩在企业战略和管理的理念上一直有争论，这大约是黄的天性。有一次，我安排其入住华远的华威大厦公寓，结果他没事时，把楼道内和几部电梯里的各种标识整理出来，给我系统地上了一堂管理课，至今让我记忆犹新。

如今，他将他的案例和对管理的理解不断地编成书，将课堂上的讨论变成了文字，希望能以此影响更多的人。

我也曾在美国的沃顿商学院、哈佛大学、哥伦比亚大学参加过各种短期学习。这些商学院的一个典型特征，就是用案例分析作为教材，让同学们自己从中寻找答案；讨论中每个人可以谈出各自不同的看法。大多数情况下，教授并不给你一个对或错的结论，而是从各种角度，启发你自己去判断哪种方式更好，更适合自己的企业。而不是让所有的人、不同的企业都走同一条路。

我借中国金融博物馆书院的平台办了个读书会，请了许多成功的企业家、官员、教授、文学家来谈读书的体会。每次都有很多书友现场提出问题，希望能找到标准的答案。但每次总结时我都强调，请不同的人来座谈，就是因为我认为，无论是企业成长还是个人成长都没有标准的统一答案。我希望能通过不同的人对成长的理解与读书的体会，培养听众独立思考的能力，从而去寻找自己的人生道路。其实，那些与会的成功企业家们，每次也都告诉大家，不要相信那些名人励志的书与故事，而是要培养独立思考的能力。

铁鹰编的这本书，是将真实商业案例和不同人对它们的讨论汇集在一起。这不是成功企业的经验介绍，更不是成功人士的励志篇章，而是普通管理者们每天都可能碰到的真实管理问题和职场问题。

我从中看到了，每个创业者随时都可能面对的问题；对每一个正走在路上的创业者而言，这是成长过程中不能不思考的问题；对每个正在准备承担更多责任的管理者而言，这是在开拓你的思路，会让你在处理此类问题时更胸有成竹。对于那些刚刚步入社会和职场的人，虽然你暂时还没碰到这些难题，但这本书至少会让你在未来少走弯路。

读书的最大作用就是将别人的经验、体会、失败、心情、愁绪等等提前装入自己的头脑中。社会上最常见的情况是，许多人在遇到问题时会手足无措，有人将此称为“意外”，“意外”常常是许多人掩盖自己毫无准备的借口。当你能更多地将这些“意外”问题和应对的办法与思路装进自己的武器库时，你也许就会比对手更早一步到达终点。

这本书要做的正是提出这些问题，并给予不同的回答，试着帮你打开关闭的心扉，让阳光驱散黑暗，引导迷茫的心灵跟随社会和自然的规律，登上那曾经被你认为最高不可及的巅峰。

也许，这正是你所需要的！

“跳槽”：期望之间的“鸿沟”

隋宗池　中关源科技总裁，人力资源管理专家

跳槽，是每一个职场人避不开的话题，即使做到高管，即使工作多年，也都有可能遇到这个问题。差别只不过在于，基层职位或者职场新人主动跳槽的多一些，而高级职位以及多年的“资深”员工，面对猎头和同行企业的“诱惑”多一些。“跳槽”到底为什么？谁又能说得清？

临近年末，老板、人力资源部、员工们对于马上到来的招聘、入职、离职高峰各有各的算盘：年终奖之后……

对于跳槽，老板有多担忧？员工有多纠结？双方都觉得自己

“被人对不起”了，人力资源部更是因此压力重重。

之所以老板和员工都觉得“受了伤”，根源往往在双方期望的差异上，年终奖是个集中的爆发点。

忙了一年能拿多少奖金？老板和员工都会在心里算了又算，只是做算术题时，老板和员工的公式是不一样的。

员工想，我今年努力又辛苦，虽然没有完全达到目标，但已经很不错了，10 万拿不到，减去个两三万，怎么也该拿到七八万吧。

老板则认为，你没有达到规定的目标，但是毕竟也努力了，给个一万不太好看，再加个两三万吧，鼓励一下，明年再加把劲！

看看，员工认为自己该拿七八万，老板却认为给三四万已经很不错了。这中间的差异会让双方都极度失望，老板认为员工拿了钱还要走（而且我还多给了），就是负心！员工觉得你忽悠我，年初说个大范围，然后可着底线给！员工觉得冤，老板觉得更冤！

于是，年终奖之后，跳槽高峰来临！

年终跳槽还有可能是员工早已心生不满，只不过觉得年底没几天了，等拿了钱再走也不迟。这种不满是很多事情的积累，也许都是些小事，但每次都会给公司减分，一次一两分，积攒多了，就变成不及格了，员工也就离开了。这种不满中比较突出的，是公司某些制度的不合理，一般是行政、人事等管理制度，这类制度的不良影响都很滞后，所以员工离职时，没法确定就是这个原因，或者也没人愿意追踪到这儿。

我曾经就职的一家公司离市区很远，上下班时间有班车，平时每隔 1 小时在指定站点有通勤车，晚上还有加班班车。

不久，行政部门换了领导，为了缩减费用，减少了通勤车并且换成小车。这样，外出办事的员工和过来面试的应聘者都极不方便，面试约到率锐减，空缺的岗位好久都招不到合适的人。

后来，加班班车也缩减，员工发现奋战了一整天想回家时，要么班车已经走了，要么座位不够挤不上去，就这样，IT（信息技术）公司中不可避免的加班也随之减少了。

再后来，下班班车的时间延后了 20 分钟，起因是为了到公司门口赶班车，大家还没到下班时间就开始收拾东西，有一次恰逢大老板有事，刚到下班时间人就通通不见了，老板很生气，后果很严重，行政部第二天就发了通知，更改了下班班车时间。北京的晚高峰啊，延后 20 分钟发车，到家的时间往往就晚了 40 分钟，好多员工戏称：班车晚走一小步，生活质量倒退一大步！

那一年的离职率持续上升，春节之后，公司迎来了员工大批量的离职！

为了什么跳槽？各有各的回答，情况也千差万别，上面讲的只是特例，但不可否认，几乎所有跳槽的前三个原因中，都会说到

“薪酬”。

的确，“薪酬”是一个在职场中绕不开的话题，它引发的跳槽，无外乎两个原因：一个是现有公司的薪资水平和加薪速度不够，缺乏外部竞争力，也就是说比市场行情要低；另一个是内部薪酬平衡的问题。

在很多公司，员工和企业谈薪资的唯一机会，似乎就是入职的那一刻。之后无论多久，要么就是职位不变工资不变，要么就是有个低百分比的浮动，似乎入职之后，你就不再值钱，没有议价的资本了，无论你有多大的进步，都没办法“变现”了。

其实很多企业，同样的空缺职位，今年给出的薪酬范围会比去年提高，因为如果不符合行情，是招不来人的，所以人力资源部提得也理直气壮、有理有据。但是针对内部员工加薪的幅度，似乎没人用这个角度去衡量，这样造成的结果就是：

1. 只有跳槽才能加薪——满足一定幅度的提高。

2. 同一个企业的同级别岗位，新人比老人赚得多——一般公司的司龄工资每一年也就多加个一两百，根本起不到平衡和留人的作用。

内部薪酬平衡的问题，就是“不患寡而患不均”。在你对自己的薪资还算满意的情况下，忽然发现坐在对面的那小子，做着和你一样的事，却比你多拿了 500 块钱，你不气愤?!

我的一个朋友，有一天把 MSN 签名改成了“软柿子”，就是因为无意中发现同是总监级，他的通信补助比别人少 50 块钱！他已月入数万，50 块钱对他来说根本无所谓，但是，他仍然很愤怒：凭什么我就比别人少啊?!

很多公司用所谓“薪酬保密制度”来应对这个问题，但是无法从根本上解决，因为真正有能力的人各家公司都盯着呢，他的市场价格自己一试便知！

除了薪酬，还有一个大家常用“跳槽”来改变的，那就是发展空间，确切地说就是“晋升”。

主管们想做经理，经理们想做总监……如果是为了这个而跳槽，也要擦亮眼睛，因为，人力资源部的对策也很多！

高级职位能够吸引人，所以，以往只有“经理”，现在有“高级经理”、“资深经理”。这两个“前缀”也同样适用于“主管”和“总监”，多好啊，一个变成三个！其实，钱还是那些钱，工作还是那些工作！但是头衔好听，能诱惑好多人！人力资源部把这招儿叫“高职低薪”。

怎么识别？有一个词叫“管理距离”，说白了，就是你离大老板的距离。

拿人力资源部来举例子，同样是人力资源经理，在一家公司直接向总经理汇报，在另外一家公司上边还有总监、副总裁，如果其他条件都差不多，你说哪个职位高？责任大？能做的事情多？现在这种“掺了水”的职位很多，总经理可以是人力资源中心总经理，副总裁可以是人力资源副总裁！所以，确认 offer（录取通知）之前，先要擦亮眼睛，拿尺子量一量“管理距离”！

跳槽还有很多非常具体的原因，比如在入职谈薪资的时候，根据了解到的薪资范围，员工的期望是比照上限来的，而公司方是比照下限做加减法的。结果，每次公司发薪日，就是员工不满时……

还有好多人力资源经理在谈到岗位的绩效考核时，也会让员工有着错误的预期。

我遇到过一次，我们部门录用的一个经理级员工，拿了第一次工资之后就走了，原因是她在入职的时候人力资源的人曾跟她解释过绩效工资的事，最好的 A 级可以拿到绩效工资额的 150%，B 级是 120%，人力资源的人说：你看，即便你被评为 B，一个月也可以拿多少多少钱。而事实是，一个团队中好和不好的都是少数，绝大多数人都是那不好不坏的 C 级。到了评绩效时，她就是那个 C 级，也就是 100%，其实也没扣她的工资，只不过她自己已经把那多出来的部分算成是理应得到的，所以觉得被骗了，一气之下离职了！

虽然离职原因多数聚焦在薪资、福利、职位、发展空间等，但我认为，细节决定成败，任何一件小事，比如公司的班车、食堂、电脑的速度，甚至领用办公用品的效率，都可能成为员工离开的原因！正是细节的不到位，大量消耗着本该用在工作上的激情！而这些细节，也是一个公司管理水平和发展潜力的真实体现！

当然，也有很多人跳槽是因为急于上升的心态、对新环境融合和适应的能力有限，等等。

前段时间偶遇一位同行，他已从中层职位一跃为高层，薪资也由 5 000 元到现在的数万元。这两年间他跳了多家企业，多则待五六个月，少则两三个月，可至今也没在一家公司站住脚，还频频奔跑于各企业之间——这种情况在跳槽大军中也不是少数。可是他跳得值吗?

因为职业关系，我要面试大量的应聘者，我发现好多人的思维惯性就是缺什么找什么。例如问他："离职的原因是什么？"他答：A 不好，B 不好等等。然后再问："选择新企业的标准是什么？"好多人都直接说：要 A、B 两方面都好。

任何一个企业都是很多个因素综合在一起的，你不是在原有的环境中去改善某个方面，而是要进入一个所有因素重新组合的新环境中，那么在选择之前，你必须跳出现有环境中某些因素带给你的不满情绪（那种情绪往往经过了积累和放大，让你错误地估计了这个因素的重要程度），你要认真地分析：新的公司中，哪些方面一定要做到优秀，哪些方面及格就可以，哪些方面是你的底线，哪些方面有了是惊喜、没有也不失望……

以一句话总结：离开，代表着成长与突破！

希望领导们面对跳槽的下属，可以有这样的心态、说得出这句话。也希望要跳槽的人们，认真想想自己的“离开”是否真的有“成长和突破”。

第一章

走，还是留

1．职场新人能熬过“蘑菇期”的历练吗？

穆　森

2012 年本科毕业后，我进入现在的公司，这是一家世界 500 强（日企）下属的生产工厂，平时主要的工作是月次的成本核算。工作非常稳定，同事关系也比较融洽，公司每年还会按一定比例涨工资——对一个追求简单生活的人来说，这是一份很不错的工作。可是，我觉得自己很像一只温水里的青蛙，从公司前辈的身上，我好像看到自己 5 年、10 年后的样子。

我是一个喜欢不断挑战、不断尝试的人，想接触更多、更广的空间，想要一个更大的职业发展平台；虽然我知道日企有很多值得深入学习的地方，可是我不清楚除了处理好自己的工作外，还可以从哪里着手学习？

其实我早已动了辞职的念头，可一直不能下定决心。一是因为毕业时间不长，经验和能力都很欠缺；二是觉得公司背景很不错，很多优秀的前辈都是在一家公司里深耕很多年才破茧成蝶的。

各位前辈，我纠结了很久，到底要不要放弃目前公司的优势，重新寻找一个发展平台呢？

杨中秋

深圳市学习力文化传播有限公司首席训练师

1. 想明白自己要做什么了吗？

2. 如果不知道，就先多学习、多看书，或者考一个跟工作相关的资格证。多接触新鲜事物和人，直到找到你为之心动的方向和目标。

3. 简单重复的工作超过 1 年，都会觉得单调、枯燥、无味。

但是，如果做感兴趣和喜欢的工作，你会从中收获更多的乐趣和成就感，就更容易多坚持一会儿。

4. 你觉得“温水煮青蛙”，可能是因为你没有在业余时间主动找一些有意义的事做。不是说业余 8 小时决定你的未来吗？另外，也可能与你工作环境封闭、接触外面比较少有关系。

人和人的区别，大多不在工作是否不同，而在于“工作时期”的积累。

总之，不要为了枯燥而跳槽。要利用难得的清闲、稳定的环境，好好给自己充充电。

杨曙虹

上海经营者人才服务有限公司创新服务总监

从人力资源的角度来讲，假设本科毕业，到 60 岁退休，职业生涯在 36 年左右。一般允许跳槽 10~12 次，也就是平均 3 年跳槽一次。如间隔时间太短，会被后来的雇主认为性格不稳定，就会慎重对待你的求职申请。

另外，每次跳槽，都必须把握：1. 收入比原来上浮 20%；2. 职务比原来上升至少半级。

这两种情况，择其一就行。当然，二者都能达到最好。

还有，就是不要轻易转型或转行，那样的话，对你中期的职业生涯发展是非常不利的。

建议你还是静下心来，认真体会所在企业的管理模式，世界500强，必定有它独到的管理方法。与同事搞好人际关系，就算以后离开公司，还能找人帮忙处理事情。

你做的是成本核算，可以进修一些供应链采购之类的知识。下一份工作可以考虑从事材料采购的岗位，但那个应该是至少两年以后的事情了。

丁 二

杨曙虹说跳槽必须把握“收入比原来上浮20%，职务比原来上升至少半级”。

一个刚毕业才两年的人，谁会给他这样的offer?

另外，“一般允许跳槽10~12次，也就是平均3年跳槽一次”。

3年你能学会什么东西？哪个有所成就的人不是十年磨一剑？再说了，让老板认识你，也需“试玉要烧三日满，辨才须待七年期”！

3年跳一次的人，最后结局一定是50岁还给人拎包！

穆森，你千万别听这位杨兄的！

你说自己喜欢挑战，你现在最需要接受的挑战就是忍受职业初级阶段的枯燥。任何职业都有这个阶段，忍不了这个，你就会成为3年跳一次的统计数字。

没有企业一上来就让你干并购谈判！哪怕在投行，前两年你也得干“复印机”的工作，而且是一个星期80个小时的“复印机”！

找同行网有个行业专家，叫刘文玉，他不懂日语，但在一个日本企业做了17年，最后做到事业部总经理的位置。请你多看看他对年轻人职业困惑的建议。

杨曙虹

上海经营者人才服务有限公司创新服务总监

我想丁二误会了我的意思，我并没有鼓励穆森现在就跳槽，只是提醒他，在满足此两个条件之一或者最好两个条件都满足的情况下，才跳槽。

每3年允许跳槽一次，是网上的统计数据。我也在实际工作中观察过，发现这个频率分布还是挺准确的。我们可以留意一下周围的朋友，能在一个单位做到5年以上，已经不多见了。

而跳槽，和创业一样，也是一个“试错”的过程。有时候跳槽也是无奈之举，比如当企业经营不善时，作为职场人士，实在没必要在一个不景气的企业熬下去，“人择明君而臣，鸟择良木而栖”，通用于现在的职场。

彭信之

北京彼得·德鲁克管理学院讲师

管理是实践的艺术，管理自己也是如此。

跳槽之心人皆有之，但不同的是，有的人是想清楚之后再离开，有的则是离开之后才开始想。《孙子兵法》中有一句话：“胜兵先胜而后求战，败兵先战而后求胜”，说的是同一个道理。换工作的意义是要让自己有更大的贡献和价值，有付出，也有回报。

因此穆森现在要想清楚：

1. 关于当前：当初选择这家公司的原因是什么？当初认定的原因现在还成立吗？如果不成立，又是因为什么？我以为在这里能学到什么？实际上学到了什么？我还应该学习什么？如果继续留在这里，我应该怎么做才能得到我想要的？

2. 关于自己：我喜欢从事某类工作的原因是什么？我擅长什么，有什么资格证？我有无为了发挥自己的优势，尝试过内部转岗？我是否在按照自己的职业规划发展？

3. 关于外界：本地区的就业情况如何？是否有感兴趣的职位？我能否满足职位要求？还差哪些条件？

以上思考是梳理自己的过程，梳理清楚了，问题也就解决了一半。

宋锦添

某广告公司总经理，创业十余年

在《功夫梦》这部电影中，成龙教弟子对着树桩甩衣服，天天如此。弟子最后忍不住了，质问成龙："这教的是什么功夫?!"而这恰恰是功夫的基本功。

影片中有这样一句话：生活中所有的东西都是功夫!

功夫就是简单的事情重复做，重复的事情认真做。

年轻人，迈向社会第一步学的就是在枯燥和简单中认真地做每一件事情。

平凡、枯燥，相对于失败和挫折，确实不够激情，平凡中得到的收获，远不如失败与挫折中收获的更多。但，平凡都忍受不了，何谈承受失败与挫折?

我要告诫刚踏入社会的年轻人：

1. 最初的几份工作没有如意的，再好都不如意——因为，现实与理想的差距大，而且，因为见到的少，总以为外面的更好。

2. 认真选择了一份工作之后，最好待上三五年再换。工作好坏不重要，在一个地方再烦也得待下去磨炼很重要。最初工作的几年内，练的都是站桩的功夫，不要想着大展宏图。

3. 除非专业性差别很大或者公司太小没有适合的岗位，否则，在哪儿干都差不多，用到的都是人的综合能力。

人年轻的时候跳槽往往只看到外在的不同形式，没看到管理的内核，因此，总给自己找跳槽的借口。

任何一次跳槽，都要为自己的选择负责。

忍耐平凡，在平凡中认真，总有一天功夫就成了。

智慧管理群

我也有些话想一吐为快，仅供参考：

1. 目标的重要性

大海航行如果没有灯塔，走得越快，可能离目标越远。而对我们个人来说，如果没有方向，如果不是为金银财宝而进宝山，一样可能空手而归。

“我是一个喜欢不断挑战、不断尝试的人，想接触更多、更广的空间，想要一份更大的职业发展平台。”——听起来真是热血沸腾，但其实只是一句空话！好似一个口号：“青春有无限可能！”我走过了青春才知道，后面应该还有一句话："无限的可能抓住了就能成就无限事业，抓不住就只能成就无限悲凉！"那么请问穆森：你想要什么？？？

当知道自己想要什么的时候，路，也就自然在脚下延伸……

2. 怎么获取自己的目标

"不经历风雨怎么见彩虹！"一个人只有经历过世事的磨炼才能认识到自己的不足和长处，才能知道哪些是已经拥有的，哪些是需要努力的。那些已经拥有的是你前行的基础，而那些需要努力的就是你的目标！

3. 心态的重要性

一个人，只有心态平和、内心宁静，才有可能做出正确选择。有个"蘑菇定律"供你参考："初入世者常常会被置于阴暗的角落，不受重视或打杂跑腿，就像蘑菇培育一样还要被浇上大粪，接受各种无端的批评、指责、代人受过，得不到必要的指导和提携，处于自生自灭的过程中。蘑菇生长必须经历这样一个过程，人的成长也肯定会经历这样一个过程。"如果你没有长到足够高、足够壮，没有人关注你，换一个地方就能被人关注了？蘑菇期的历练、特别是内心的彷徨，有时候是人生更大的资本。它比所谓的跳槽所得对以后人生和事业的发展都更有助力。

想清楚以上三点，你可以：

先把分内的工作做得出类拔萃，然后努力寻找其他锻炼机会，不计报酬地多做——今后的回报将远高于现在的一点工资。多做事，多思考，多积累，多学习，认清自己，认清社会，找到自己的目标，也就找到了以后要走的路。

刚毕业的时候，一个很要好的朋友给我说过一番话，我很受用，分享一下——“刚毕业那几年，每在一个公司做到感觉没什么可做的时候，就找机会跳槽。只有不断地经历，才能找到真正的自己，前面哪怕是火坑也不要怕，也许，可以炼出火眼金睛，但在跳槽中必须不断思考和沉淀，一旦发现自己的内心，找到事业上的方向时，就要有把牢底坐穿的决心和耐性，才有可能成就一世的伟业。”

天助自助者，一个人的路只有自己才能选择，其中的酸甜苦辣也只有自己才能品味，人生本来就是一条有来无回的不归路，经历本身才是人生真谛！

刘文玉

北京中仪大珩科技有限公司总经理

我对穆森以及职场人士的忠告是，如果跳槽，一定要向上跳——台阶跳，而不是平级跳，首先要考虑成长与突破！如果把薪资待遇放在第一位，那很可能跳了几次就没有再涨待遇的资本了，因为你没有足够的积累！

跳槽到新地方应该是兴奋的、有被挖的感觉，应该是随着自己的努力、随着自己能力的提升、随着自己内心的真实需求做出的选择，而不是对老板、对上司、对同事或对其他部门的长期积怨造成的逃避。因为这个新地方未必比你原来的地方好多少，你抱怨的所有问题这里也都存在，暴露出来只是时间的问题。

在职场，你年轻时的付出肯定大于你的收入，但你只要有能力有积累，能“熬”，等年老时肯定是你的收入大于你的付出。人的一生是在平衡中度过！

2. 重新开始，真能飞得更高吗？

小　雨　北大光华管理学院 MBA（工商管理硕士）

30 岁的小雨是一个坚定而执着的女人，毕业 9 年来始终保持着一颗上进求知的心，从未放弃对事业有成的渴望。2004 年小雨毕业后就职于一家国内知名企业的基建部，先在计算机系统集成领域冲锋陷阵了 3 年，后又跑到工地待了两年。其间用心学习了建筑行业的各种专业工程知识，2008 年考取了项目经理证。可是，理想很丰满，现实很残酷，作为一个内心依然保持着小资追求的女人，小雨发现自己并不适合待在尘土飞扬，还夹杂着臭汗、荤段子的工地。小雨申请调回了总部。

回到总部，小雨主要负责运营支撑工作，包括基建项目群的整体策划和管理，属于核心部门的边缘岗位。她开始穿梭于各类业务决策会议、项目运作会议，一面落实项目的进度、质量和成本目标，一面还要设计和优化项目管理制度及流程体系，以确保项目按时优质地交付。在这个过程中，小雨得以全面熟悉基建类项目报批报建、招投标、造价、施工管理等各环节的KPI（关键业绩指标）控制，掌握了系统、先进的项目管理制度和流程体系。

同时小雨还参与了部门的人事管理工作，包括设计与完善招聘、培训、绩效考核体系，并推行落地。为此小雨用业余时间刻苦学习，以优异的成绩考取了二级人力资源管理师证。不仅如此，性格开朗活泼的小雨还一直担任一级部门党团干部，组织策划了各种大型文体活动。

公司出了名的高强度工作及个人的不懈努力，把小雨从稚嫩的新兵锻炼成为一名成熟稳重、可独当一面的职业女性，虽然她为人单纯，但公司人际关系也简单，考核相对公平透明，小雨照样做得风生水起，也拥有了极富竞争力的薪酬。可是小雨却渐渐开始担心——自己的工作经历好像一个大杂烩，每个专业都略懂，却不精通，继续下去会不会就此停滞？想出去寻找新的机会，方向又在哪里呢？自己适合什么文化的企业？什么类型的职位？走专业化路线还是管理路线？需要转行业吗？因为专业原因，小雨的同学中转金融业的比例很高，但适合小雨吗？如果不转行，其他公司是否会给小雨同样好的机会？

如今，小雨已经完成了人生中最重要的事——结婚生孩子，幸福的家庭是她的后盾——老公理解小雨，支持她的决定；父母虽然求稳，但也不反对她的选择。此时的小雨，觉得是时候要勇敢闯一闯了，却觉得无从着手。9 年的积累里没有多少“专”的影子，9 年的努力，事业却未见到大的起色，小雨内心充满了迷茫与困惑，不知道怎样才能飞得更高。前方的路在哪儿，该怎么走……

宋锦添

某广告公司总经理，创业十余年

你所经历的一切都是积累，日后终会成为你的财富。作为一位比你年长许多的女性，我建议：一定要在自己原有经验的基础上发展，那是你深厚的地基和核心竞争力。放弃经验好比盖楼重新打地基，前功尽弃。有经验的员工才是企业的财富，也是你在一个企业的价值。

做任何事情，都有烦的时候。没有十年磨一剑的坚持，再聪明的人都难成事。

你说你不专，但你在30岁之前从事了很多不同的工作，这恰恰给予了你发现自己的机会，为你以后的方向选择打下了良好的基础。

转行成功的例子很多，成功者曾经的积累发挥了重大的作用。俞敏洪，从北大老师到企业家，他用到了自己的外语知识以及坚忍不拔的品格；玫琳凯，45岁退休后开始创业，5 000美元起家，从亲自销售化妆品开始，人生一步步地转折，但她原来做过多年的销售；罗大佑，虽然学医，但他18岁就在学校乐队担任键盘手，20岁开始作曲……

成功的人，除了像牛顿那样站在巨人的肩膀上，更要站在自己的积累上。建议你仔细分析一下自己，再问一遍自己：工作一定要换吗？在原单位的人脉也是一种积累，别轻易放弃。有时，人容易"灯下黑"。

对女人，工作也很重要，慎重选择。

石　雷

国学智慧与现代管理实践者

从你的描述中，我仿佛看到自己的影子。我也是样样通样样松，而且也一直在做运营工作。你的问题我也遇到过，所以，希望我的看法能够给你带来一些帮助！

1. 你在现在这家公司干了这么久，人脉已经很成熟，这是你的优势。在哪儿干久了都会疲倦，换一家公司，问题难道就不存在了吗？老子说，自胜者强，真正的强人是战胜自己，才会取得成功。如果这个心理上的坎儿过不去，换一家公司也会遇到类似的问题，不能把希望寄托在环境的改变上，要改变的是自己！所以，不建议换单位，而是转换心态！

2. 起点在哪儿？虽说表面看起来你博而不精，但你的经历，让我“嫉妒”。为什么？因为像你这样在现场干过，又做过管理的人，是很难得的。你可以跟搞设计的讲讲现场的困难，也能够跟现场的人沟通设计的理念，这是你的长处啊！未来的你，完全可以是子公司的高管、某个城市的项目负责人，也可以是集团的运营、规划设计等业务部门的负责人。

3. 换到金融行业，看起来很酷，其实不是每一家都风光，除了看行业，更要看公司。而且，换行业的成本太高！最大的成本不是学习新专业知识，而是与人沟通的成本。

徐 彬

博思笃行（北京）管理咨询公司创始人兼 CEO

我认为职业发展最重要的是找到乐趣！

1. 为什么乐趣最重要？

小雨迷茫和困惑的根本原因是对自己认识不清。当一个人不明白“自己想要什么”的时候，就好像一条没有方向的船在海上航行，任何风都不是顺风。所以，当你没想清楚“能够让你的内心真正感到知足和愉悦的事情是什么”的时候，你必然是迷茫的。而当你找到了自己的乐趣，你的困惑就会从“做什么”变成“怎么做”，你的职业发展也就清楚了一大半！

2. 怎么管理自己的乐趣？

所谓“乐趣”，是能够让你满足、开心的事情。比如我就喜欢去影响别人，喜欢创新地把事情做得更好，也热衷于帮助别人发现问题，乐于帮助别人去思考和解决问题。我觉得这些事情本身和产生的价值真是太棒了！所以小雨，你可以问自己，“我一生的乐趣是什么？”“想要在哪个方面达到什么样的状态？”“这真是我想要的舒适状态吗？”“有改变的必要吗？”通过跟自己的内心对话，我们可以找到人生的乐趣。

然后，你需要从人生乐趣中找到工作的乐趣，找到一个能够让你为之奋斗一生的事业。比如我，选择了影响别人和具有创新性质的工作，于是从5年前，我开始做培训、咨询；两年前开始创业，跟合伙人一起做咨询公司。我现在做的事情就是去影响别人，创新性地去帮助客户解决问题。

最后既然找到了工作乐趣，就必须去行动，不能叫苦叫累叫委屈，而是认真把工作做好。我现在创业，做培训咨询，很开心，也很满足。即便受到再多的挫折打击，我都认为它是在帮我把事情做得更好，而且唯有我承受住了客户让我受的苦、让我受的累、让我受的委屈，我才能不断去学习，让自己和团队变得更加强大！在企业里，客户也包括内部客户，比如你的上级、你的团队和公司，他们都是服务的对象。当服务不好的时候，就要反思，问题出在哪里？当服务好了之后，要想怎么能服务得更好？只有把客户服务好了，我们自己的价值才能显现出来。组织内外，概莫能外。

3. 建议

从你的描述来看，你大量关注了外职业生涯，而忽视了内职业生涯。所谓外职业生涯，就是把个人拿到外部去看：我是否适应外部的环境？我的能力是否达到了某方面的要求？达不到的话，我如何通过努力去达到？因此可以看出，你对外职业生涯的熟悉程度是很高的。所谓内职业生涯就是你的乐趣、你的本心、你的价值观、你的人生。哪些东西是不可或缺的？哪些东西是可以忽视的？哪些东西是你最珍重的？

所以我建议：首先把关注点从外转到内，跟内心对话，找到人生乐趣；跟生活对话，找到工作的乐趣；跟自己对话，找到你的价值观。然后再看外职业生涯，分析外部的环境和你在这个环境中的竞争力。最后通过行动去不断提升自己的能力，调整自己的心态，让自己拥有竞争力，收获期待的职业乐趣和人生乐趣！

孙　鹏

某房地产开发公司业务发展部高级经理，北大光华管理学院 2011 级 MBA

首先，我要恭喜小雨：你拥有了幸福的家庭、老公和孩子。生活稳定了才可以拼事业，对吧？而且，你这么多年一直努力上进，其实收获巨大，“万金油”绝对是有价值的。

我和你岁数相仿，也处于相似的行业。作为一个工科院校毕业、学建筑工程的男生，我在设计院熬了两年，天天用软件制图，当时感觉很是不爽。后来仗着英语不错，帮室主任翻译过很多邮件（甲方是新加坡的知名地产公司），还和甲方代表一起开过几次会，给他们留下了印象。有一天，甲方的项目总监找到我，他们公司正想招管理培训生，他觉得我英语好，又有工程背景，很合适。我感觉是个好机会，想都没想就答应了。从此，我就开始了在开发商的从业历程，到现在也干了七八年了。可能因为一开始的定位是管理培训生而不是定岗的职位，我轮换经历了多种岗位，从设计管理、市场策划、高管助理，到拓展拿地都干过。我觉得地产行业就是一个协调各工种、资源整合的行业，“万金油”是有优势的。地产行业的流程从拓展拿地、规划设计、工程管理、成本造价、前期报建、营销策划、租赁招商、物业管理……少说也有十来个节点，作为行业从业人员，是不可能精通每一个节点的，那样的话得边学边干几辈子，没有那么多时间和精力。我的感触是，应该努力做到了解每一个节点，充分掌握广度，然后有选择地侧重 2~3 个节点做到精通，这样一定可以立足于不败之地。

我现在在一家国内较大规模的地产公司负责拓展拿地工作，我非常喜欢这个工种。虽然很奔波，到处去考察和谈判，但确实开阔了视野，见到很多高层级的人。这个工种也是复合型的岗位，管理、财务、法务、工程，都需要涉及，虽然不是高管，但要站在公司最高层的角度，为公司获取土地储备和争取利益。至少到目前，我给自己的规划是从拓展拿地入手，待寻找到合适的项目和机会，深入到项目中，去做综合管理的工作。

我也是 MBA，看到小雨的经历，感到很亲切。我感觉你从业 9 年，在项目管理、运营、人力等多方面都涉猎广泛，对建筑地产行业十分热爱，也为此付出了很多心血，所以我建议你还是立足这个行业，慎重换行。你具备管理的潜质，应该看看地产公司有没有合适的机会，从复合型技能或者综合管理的低层职位开始练手。毕竟地产公司是整个行业的上游，是你施展管理才华的合适场所。一开始可能要降低些姿态，例如土地拓展的主管级别或者高管助理“打杂的”这样的职位。但等你干熟练了，一定可以找到上升的通道。我认为随着国家城镇化的不断发展，地产行业需要越来越多的职业经理人。

欢迎你也加入进来，大家共勉！

小　雨

北大光华管理学院 MBA

非常感谢！在我最为焦虑的时候看到大家的分析，原来很纠结的心终于落地，明白了自己该怎么做——我已经辞职跳到了一家同行业公司。通过这三个月的经历，我自己也思索了很多。宋锦添说得很对，“一定要在自己原有经验的基础上发展，那是你深厚的地基和核心竞争力。放弃经验好比盖楼重新打地基，前功尽弃。有经验的员工才是企业的财富，也是你在一个企业的价值。”我会坚持自己近 10 年的积累，以空杯的心态，沉下心去挖口井，板凳要坐十年冷，行业无所谓好坏，只要做到高精尖，自然有柳暗花明的一天。

同时，我也想对很多同样不满于现状的朋友说，不要轻易放弃你脚下的土地，好好耕耘总会有收获的时候。人有时不能太浮躁，吃着碗里看着锅里，别人家的饭就是比自己家的香。在辞职以前我不认为自己原来的工作有多重要有多好，总觉得发展空间不大，丢了也不可惜，所以辞得义无反顾。现在回想觉得好幼稚，朋友说那是因为自己一直太顺了，还不懂珍惜。最近回原公司转了一圈，因为业务的发展，公司的组织结构有了新的调整，如果我没有离开，将是一次绝佳的发展机会，可惜一切不复存在。是的，人不经历一点挫折，难以长大。现在我也不后悔，甚至有些庆幸——如果没有这次辞职，我永远不会认识到自己的浮躁。我庆幸自己现在还年轻，还有从头再来的机会，也明白了下一份工作一定要好好珍惜。

说这些，也是告诫自己，立足脚下，面向未来，脚踏实地，埋头做事，新的旅程，总有苦尽甘来的时候。

3. 外部环境变化，原行业受到挑战，该转行吗？

庞　晓

我在目前供职的公司工作已经整整14年，这家公司是美资电子元器件及技术方案代理商，《财富》500强的业内领先者。

我从研发工程师做起，后转型做更贴近市场工作的技术支持，进入公司第7年时，已经是华北区高级技术支持经理——这是公司各业务区级别最高的技术支持经理。那段时期我学到了很多，从被领导到带团队，团队从3人到14人，我们的业绩增长了10倍！看到自己参与支持的新产品上市，我们由衷地骄傲！

可是，随着行业竞争的加剧，要求业绩高速增长的压力也越来越大；半导体器件的价格一降再降，利润大大降低，要拿到期望的奖金越来越困难。

我个人的发展也遇到了障碍。我们公司在华发展主要通过并购来实现，并购带来了不同的市场方向、不同的业务风格以及各自的架构，这使得整个公司的组织结构和流程变得异常复杂，中层管理人员越来越多，我要脱颖而出，就必须迎合老板，帮助他与其他部门博弈。实干起家的我，只想踏踏实实做点实事，不太愿意参与人际斗争，但这就很难往高层走。我不能向上发展，将对我的团队影响极大，最近几年，我深切地感到了“人微言轻”的无奈。

公司虽然重视技术支持在业务中的作用，但技术部门并不是一个独立的职能部门，而是销售总监与市场总监争夺的对象。三年前，技术支持属于销售团队，但是市场部门为了迎合主要供应商的要求，又设立了针对重要产品线的专门技术支持，我的团队沦落为只负责一些非重要产品线的支持。我不得不按照客户及应用重新划分人员，也不得不分担了销售员的一些工作。技术支持变成半个销售员，不仅要开拓新客户、推广新产品，还要应对各供应商的会议、报告，同时兼做一些市场调研、新市场拓展等工作，否则便没有业绩。

起初，大家没在意。因为这些工作也能锻炼自己的综合能力，但后来却演变成凡是和新产品推广相关的工作都交给技术支持负责，而我们需要其他部门配合的时候往往孤立无援，这严重打击了团队士气。有些下属干脆转岗做销售和市场，也有一些跳槽去了供应商那儿——他们发展得大多不错，更影响了留下者。为了维持团队的稳定性，我把余下人员分成几个小组，提拔几个下属成为助理经理，但还是没有改善。一有机会，人员照走不误。我也开始反思，如果自己也早一点转型，或许比现在发展得好？

可是我已经40岁了，无论转型还是离开，对我来说，代价都很高。朋友劝我，“你一个女人，就这样待着吧，下面有人干活儿，上面有老板扛着，薪水也不错。过几年老板不让你干了，你就回家，自己想做啥就做啥。何必自讨苦吃？”但我不甘心，最近在学习一些管理方面的知识，力图提升个人水平的同时也提升个人影响力，至少希望大家在我的团队中工作能开心一点。如果有一天我不得不转型或者离开，就不会那么不知所措吧。

杨海燕

微软区域经理

我也遇到类似的问题。大企业在华扩张的过程中，原本好的文化被混杂，中层过多导致政治斗争严重，员工要花更多时间处理人际关系，自然没法全心做事。

你们公司现在状况不好，一方面是经济不景气，另一方面电子行业确实接近夕阳产业，所以你遇到的不只是公司的问题，而是多种因素造成的。

我觉得还是骑驴找马吧。但如果是同行业外企，估计与你现在的情况差不多。如果熬着，也就是等裁员时算个工龄。最好的情况是你外面找到工作，这里有裁员的名额，你举手老板放行，可以把工龄钱拿出来。千万别意气用事，熬着比没工作强。

张敏岩

联想全球供应链运营经理，北大光华管理学院 2010 级 MBA

作为一个同样工作在《财富》500 强公司的人，非常能理解你此时进退两难的心情。

因为外部经济和市场环境的变化，公司进行了并购和重组，但并购初期战略不明晰，组织结构复杂，导致了内耗加剧，绩效下降，中基层有能力的员工相继离开。这些问题也影响到你的业绩和职业发展，使工作成了鸡肋，食之无味，弃之可惜。这是客观原因，不是你个人的问题。

虽然你从研发工程师做到销售的技术支持，都和技术强相关，但你是不是只熟悉本公司产品，在技术方面并不是一流的专家？你带了 14 人的团队，但离职率很高，你说不喜欢公司的“政治”活动，自己还在学习管理知识，是不是在管人方面不太自信？这才是主观因素。

静下心，想想自己有哪些优势，比如，对技术支持工作有着非常深刻的理解，有在大公司 14 年的工作经验，对于标准化的流程和完善的运营体系非常熟悉，外语能力较强。

这种背景，跳槽去中小公司是不合适的，因为文化差异太大，首选还是大公司甚至《财富》500 强。可是，这样的公司，为什么招 40 岁的你呢？

所以我的建议是，在公司再留一年。这一年，拿出你的全部斗志，好好表现，很多时候，事在人为。同时，不要放弃学习，好好总结工作心得。相信一年后，你会更加自信，想得更加清楚。

黄铁鹰

北大光华管理学院教授，找同行网创始人

看了海燕和敏岩的建议，我真受教育。

以前也有同学向我请教这类职场问题，我往往会高屋建瓴地指导一二，或者说两句不咸不淡的心灵鸡汤，可是看着同学们礼貌地点着头和那一双双依然疑惑的眼睛，我以后就不太敢回答了！

尽管这类问题不在 MBA 教育内容之列，但老师回答不了学生的问题，毕竟尴尬！人逼急了，就会不耻下问。后来，我直接向其他同学们请教，于是，海燕和敏岩这样的大侠就会站起来慢悠悠地替我解围！

100 多人的教室，他们不用麦克风，连在最远角落里的人都抻着脖子听。此刻是我最陶醉的时候，我也长见识了，此时的教学效果奇佳。

海燕和敏岩的建议，没有说教，没有虚货，没有模棱两可的原则；有的是实打实的、手起刀落招招见血的招儿！

他们的招儿同那些“职场大全”或“职场指南”相比，就像表演武术和自由搏击的区别！

穆　阳

我感觉你是一个比较守旧的人，对于变化反应迟钝。我认为这就是你工作 14 年，团队管理、业绩思维、管理水平却没有上一个大台阶的主要原因——没有跟上公司和市场的发展方向，只是在技术支持这个小圈子里做得如鱼得水，也可以说，这么多年来你没有明确自己的发展规划，或者你没有付诸行动，所以造成了目前的困境。

我判断你更适合技术工作，对于管理职位的倾向不太高。建议你先想清楚自己对于工作环境的要求，再结合家庭需求，给自己找到一个准确的定位，然后找你最要好的同事或者直接上级好好沟通一下。通过这种全方位的交流，相信你对自己会有重新的认识。谋定而后动，这才是上策。

翁泽华

深圳市百腾科技发展有限公司总经理

相信自己，果断离开。

在一家企业工作久了，就会担心和害怕改变。其实人的适应能力非常强，当你走出来，你会发现外面的世界更加精彩！

杨 帆

驳一驳翁泽华的观点。

当然，有些人一生都在不断求变。但是，随着年龄的增长、职位的提升，中年人换一个企业或环境，要适应的东西多了很多。我是做人力资源工作的，我发现挖猎那些职场阅历较少的年轻人和背负供房供车供孩子的中青年，是非常简单的，只需投其所好。而挖猎那些30岁以上的企业中层骨干人员要难很多。有人说是他们的顾虑多了，有人说是他们精了，一般的诱惑不管用了，其实说到底是他们的适应成本高了，选择更慎重了。

在一家企业干14年，在你看来她是担心和害怕改变。试问，这14年里，她的企业难道不是沧桑巨变，身边的同事和领导也不知道换了多少茬儿，没有足够的适应能力，她早就跳槽了！

“相信自己，果断离开。”

离开当然是选择之一，但必须弄清楚为什么离开，离开后去哪里？

现在的年轻人流行“裸辞”，有几个有好结果呢？我曾经历两次裸辞，给了我足够的教训。

第一次裸辞是年少不更事。那是我的第一份工作，只因为工作地点离家太远，适应不了广东的气候和生活，干了几个月就回到家乡。做了两份短工后，又耗了整整一年才在北京找到自己中意的工作；第二次裸辞是为了不和女友分手，两人来到一个陌生的城市沈阳，也是耗时半年才找到理想的工作……

庞晓能认识到危机，已经是个智者，需要的只是给自己做个5~10年的规划，给自己找个目标。只要找到目标，热情就回来了。能在一家企业工作14年，说明企业认同你，你也认同这个企业。所以这14年来，你是幸福的。

两点建议：

1. 技术从业人员除了学好本专业外，还应该加强对行业趋势变化的关注。看看那些行业领先企业的战略如何规划，是不是还有新的机遇。利用自己的经验和技术，并弥补自身的不足，或许在行业内的其他优秀公司里，你会找到更适合自己的位置。

2. 另外，工作之余，多了解其他行业，拓展自己的兴趣面，或许你能找到新的兴趣点，让你焕发职业第二春。

你只是暂时迷茫而已，给自己点时间，相信你很快会调整过来的。

宋锦添

某广告公司总经理，创业十余年

如果我是你，我选择“原地不动”。原因如下：

40岁的年纪，对于女人来说，即使心不老，记忆力、体力、身体的状态，都明显不如从前，这一点，不认、不服都不行。换个环境，不仅要重新适应和面对，同样，也会面临许多新的压力和竞争。女人，这个年龄应该是心态从容、生活规律的，工作只是生活的一部分。

上升停止，市场竞争、内耗加剧，这是任何公司都会出现的问题，你必须面对、接受、解决、调整自己。就像婚姻，入行久了，都会由新鲜变平淡、由美好变琐碎，这时，很多人就想着扔下原来的重新开始。可惜，最终还是会归于平淡，甚至还不如从前。

杨曙虹

上海经营者人才服务有限公司创新服务总监

建议找一家咨询公司合作，兼职做技术咨询顾问。你可以学到怎样为其他客户提供解决方案的经验，为客户创造更大的价值。

然后，可以将这样的项目经验，应用到你的团队管理中，整合公司现有资源，帮助公司改善经营模式。并且尽快改善你们技术支持部门“为人作嫁衣”的地位，能够在业绩上主动出击，以此突出你的技术优势。

另外，你提到自己不善于搞人际关系，技术出身的人多是这样，不必太在意，十几年都过来了，还是将心思更多地放在业务中吧。

庞　晓

非常感谢大家的建议，有的分析很犀利！看到敏岩对我的分析，好像认识我一样；看到穆阳说我“守旧”，开始有点受不了，这药有点猛。可再想想，自己还真不太容易看清自己，我之所以到这一步，肯定是有这方面原因的。

我没有特别清晰的人生目标，之前的道路比较平顺，一路按部就班地过来。能在公司做这么久，一是因为技术支持需要不断地接触新技术、新市场，要和不同的客户打交道，很有意思，而且公司氛围很单纯，比较适合我；二是我来公司的时候，领导非常爽快，面试后当场拍板，之后也非常认可我，在头 7 年中我晋升了三次。

我还没想好以后要干什么，但不会为了跳槽而跳槽，或者为了尝试新鲜事物而跳槽。我们这个行业的发展不容乐观，连摩托罗拉、诺基亚这样曾经令人景仰的公司、曾经的最大客户，都能在瞬息之间倒下，还有什么事情是不可能的呢？行业的自身发展遇到了很大的挑战，竞争激烈，利润率降低，处于这个行业就必须承受这种压力，在任何一家公司，情况都不会有太大差别。唯一能做的就是让自己强大起来。

在前段时间，我完成了MBA的学习。对于工科出身的我来说，MBA课程比较综合全面，弥补了我的不足，看问题的角度和高度不同了。在近来的工作中，我特别注意运用和分享我的经验和知识，尝试新的思维方法和角度，经常能给自己和团队带来新鲜感。

而我最大的收获就是自信。无论将来行业环境有什么变化，我都准备好去适应，在关键的时候抓住机会。

4. 遭老板制衡，应该自立门户吗？

李依胜　管理人士

2005 年我大学毕业后进入一家经营进口设备的渠道商公司做销售，当时公司只有老板加 4 个员工，年销售额 1 200 万元，净利润不到 200 万元，只是国外生产商的众多小代理商之一。

在销售过程中，我发现市场潜力很大，客户资源也很丰富，公司很有发展前景。抱着强烈的热情和信心，2007 年底，我向老板提交了一份报告，重点内容是“渠道规划和公司架构建设”，具体到和谁做什么产品，安排谁干什么活儿。老板认为很可行，于是在2008年任命我为副总经理，负责整体销售。在这个过程中，老板传授给我很多宝贵的经验。

2008年底，我又给老板提交了一份报告，涉及“产品结构、公司定位、市场分析和中长远规划”。老板认为很多内容他自己也只有一个模糊的概念，于是开始事无巨细地和我交换意见。直到现在，公司仍按这个报告的框架开展业务。

2010年起，我开始全面负责与国外生产商谈合同，做长远合作规划，以及和下游客户定销售计划等各项事务。老板则主要处理与生产商的公关工作（生产商是一家全球500强公司，行业排名第一，老板的工作也非常重要）。

公司2007年销售额达到2 800万元，之后几年连续翻番，2011年至2013年保持在1.5亿元左右，净利润超过1 500万元，在国内市场排名靠前。公司人员也从4人增长到20人，新员工多数是销售岗位，都是我直接招聘和亲自带出来的。

虽然我在公司处于不可动摇的地位，却越来越感到无奈，原因如下：

1. 老板非常自满，没有足够的愿望和动力再进一步，无法理解我提出的许多长期规划和设想。

2. 老板认为公司能有这样的成绩，最重要的原因是他公关做得好，对我的工作并不重视。我有时也会拍拍老板的马屁："有些事情没有您真是做不到啊……"可心里却是不以为然。

3. 我虽然全面负责公司运作，但待遇奖惩等都由老板决定，我连建议权都没有！老板甚至还有意培养其他人接替我的部分工作，但又不敢太明显。所以我一直有意识地把握公司的关键区域和工作内容，公司目前也没有合适的人选可以替代或者部分替代我的位置。

4. 出于人情，老板时常绕过公司流程以低价出货给某些人，销售人员不得不设法安抚下游客户；老板在公司安排自己的亲属身居要职，这些人忠诚度很高，但能力较弱，工作几乎没有成效，制约了公司的发展。

5. 相对公司的利润和发展，我觉得自己待遇偏低，跟下属相差不大，老板有时也提到股份分红之类，但没有行动。这些年我的年均收入是 20 万元左右，其中 10 万元是工资和奖金，另外 10 万元是老板奖励的一套 80 万元房子的分摊。

老板50多岁，正在办理移民，平时除了和生产商吃吃饭、打打高尔夫外，心思全放在移民手续上。我感觉他似乎在准备退休，对公司的事已经不太上心，这样的话，公司业绩很快会下滑，我的事业理想很难实现。我毕业后一直在这里工作，对公司有很深的感情，而且也得到老板的认可，离开的话觉得不够义气。同行业的其他公司一直受到我们公司的打压，在感情上对我未必认可，而且他们的业务水平更低，更难以实现我的抱负。我们代理的那家国外生产商虽然在国内也设有销售公司，但非常官僚，我觉得不适合自己。可如果自立门户，一方面缺乏足够的资本，另一方面必然要跟现在的公司竞争，感情上的亏欠感更强烈。

我究竟该坚持下去，还是跳槽，或者自立门户？

黄志方

深圳三思纵横科技股份有限公司董事长

我认为你应该留在这个公司，并且更加努力地继续好好干。

看了你的描述，我都有些激动，不仅为你激动，也为你的老板激动。从你老板的角度说，我觉得他在培养和善用你这方面小有成功；从你的角度看，在一个公司跟着一个老板连续工作 8 年多，在薪资和能力方面都能连续提升，我觉得你也算小有成功。应该为你们两个人的成功庆贺一下！

这些年你年均收入 20 万元左右，我觉得这个待遇相当不错了，应该知足，尤其是在这样一个设备代理行业，在这样一个不超过 50 人的小公司里。你不应该从公司的经营规模和利润去找平衡，在经营背后有很多东西你是看不到的，老板也不会随便说。退一步说，即使老板每年赚一个亿，你也不应该在这个上面去找自己的平衡。

老板能够拿出 80 万元给你买房，希望你珍惜这份情谊。或许从经营上讲，你理应拿这 80 万元，但我仍然觉得你应该感恩，毕竟老板心里还是惦着你的用钱之处，惦着你的功劳。在现今这个世界上，揣着明白装糊涂的老板比比皆是。

我认为，从几个方面来说，你都应该继续留下来在这个公司发展。

第一，你对设备代理公司总体运营的理解和认识仍然不够全面和深刻，既然入了一个行业，你就应该全面透彻地掌握和了解这个行业和这个公司。

第二，从你描述的细节来看，你没有做到让老板对你完全放心，心甘情愿地给你一些股份，把公司的现在和未来完全交到你的手上。

肯定是你的心态、思想、表现或能力让老板对你有所顾忌。

第三，你现在应该才三十几岁，已经有了一个相对成功的 8 年。如果未来你能敞开心胸，继续释放热情，付出最大努力和真诚，我觉得你在这个公司仍会有较大的发展空间。

黄铁鹰

北大光华管理学院教授，找同行网创始人

你要是离开，公司的生意会怎么样?

李依胜

管理人士

假如我跳槽到另一家公司，而且刚好是被我们打得最惨的那家公司（该公司是生产商在国内的最大代理，双方有着 30 年的合作关系，能够弥补我和生产商关系的欠缺），他们愿意放手给我去做，我就会从现在公司带走三四人，很可能帮助该公司夺回领先地位。但是，业内肯定会有人骂我忘恩负义。

如果我加入普通公司，很可能稳定地负责某个项目，一两年内会把最主要精力放在新公司的人事争夺中。但我胜出的可能性比较大，因为能够吸引我的公司也就几家，我对它们的内部情况都非常熟悉。

目前我最大的筹码是在下游渠道商中拥有足够的影响力，连老板都没有这个能力。老板的优势是和生产商关系较好，我在这方面完全没有可比性。

如果我自立门户，从资金支持看，短时间内对现在的公司不会有明显影响。而且，我最好的策略是做现在公司的客户，然后耐心等待机会。如果不能做现在公司的客户，我也能立足，但变数增多。

另外，感谢黄志方老师的指导，有些问题补充一下：

1. 我最初并没想过跳槽或自立门户，但老板可能觉得我在公司影响力太大，所以有意识地培养其他人，适当平衡风险。

2. 收入不是主要原因，而是我觉得如果公司只维持目前这种经营规模，我在未来几年的价值就不大可能有明显变化。但市场在变化，从业人员也在变化，再过几年，等新人或新公司冒出来，我就贬值了。那时候再想跳槽或自立，情况又不一样了。

3. 老板表面没有说退休的事情，但移民、转移法人等迹象表明他可能计划逐渐退出，也有投资公司找上门，但老板毫无兴趣，一方面他对资本市场非常陌生，另一方面他可能不愿意去面对太大的公司压力。

我在公司这么多年，对公司的感情很深厚，而且公司现在的资质非常好，再加把劲儿可能又是一番景象，但我对老板的信心开始动摇。

黄志方

深圳三思纵横科技股份有限公司董事长

你以为你的影响力很大，很多下游的人认你，但你或许不知道他们认的其实是你背后的这个公司、你的老板、你公司的产品。

你今天的地位、收入、老板对你的态度，并不仅仅是因为你的表现和你的能力，还包括了竞争对手对你的窥伺和挖角。你的价值是诸多因素的综合体现。

或许你有很强的营销能力，你的竞争对手恨透了你。如果我是他们，我会许以重金和承诺挖你，一旦你跳槽过去，我就会把你废了，彻底闲置一边。

而你的老板失去了你以后，再换一个比你弱一档次的人顶上，公司依然可以保持足够的竞争力，至少不会伤了元气。

你却成为被两个公司抛弃并被千夫所指的人。

还有更狠更毒辣的一招儿，就是竞争对手把你挖去以后，充分利用你和原公司进行竞争，直到把你用足用尽，再把你的人头送回你原老板手上，两家竞争的公司讲和、恢复友商关系。

我觉得你算计得远远不够。

千算万算，不如不算。

我真心希望你能珍惜你现在的老板，老板能和生产商的关系处得好，是非常难得的，好人缘是市场上最大的竞争力。

千好万好，不如人好。

宋锦添

某广告公司总经理，创业十余年

我也谈谈自己的看法。如果言重，望见谅。

第一，从你的表述中，浮现出来的最主要的信息，就是“私”字当头。

你想排除异己、大权在握、另立山头，不得已就跳到对手处。你口服心不服，还假装拍马屁，你当一个 50 多岁的人，比你傻吗?你眼睛往哪儿一瞄，他就知道你动了什么心思。有如此歹意之下属，老板已经待你不薄了，如果是我，在你翅膀没长起来之前，就先将你废了。

第二，你的工资的确不低，但本来可以更高。

人与人之间的信任都是相互的。我也是个老板，将来也希望移民。我也有一个能干的经理，我真是恨不得求着她快点成长，大权独握，我好享享清福。我信她，因为有一天她若离开公司，就算我真心让她自立门户，她都不会，更别说跳槽到对手公司；我信她，因为每年的财务报表我不看，一分钱都少不了；我信她，因为她心胸宽广，敢于提拔重用比自己强的人；我信她，因为她心底无私，看到下属奖金少，就宁愿自己少拿一点，也要多给下属……

你让老板这么信任了吗？

她会因为公司问题和我争吵，但背后总是感恩于我对她不离不弃的培养；她从不和我计较钱，总觉得自己拿得不少，而且，她还对其他员工说："进了咱公司，你们就别提钱的事，指定要比你想的多。"

你以为，是我这个老板好吗？这些都是互相信任带来的良性循环。

第三，公司的成长一定是团队的成长。

我和这个经理也经过了八九年的磨合，最后她终于明白公司的发展要靠团队，而不是一人独大。于是，她开始培养下属，把能力比自己强的新人推到前台。她对我说："以前我还真是挡着公司的路了，光觉得自己干好就行了，原来真不懂啊。"

你懂了吗？

第四，老板不给你财权，可能是因为你不够大度、公正，对你信任不足。

我和这个经理每到年底都要核算怎么给大家发奖金。我俩像下暗棋一样，各自写好数字，然后一起摊开。95% 的情况是，我俩一分都不差。现在，每年发奖金，我都直接让她写个数，给我看一下就行。

你和老板有这样的默契吗？

第五，老板限制了你的发展空间，谁能够给你？

现在，你觉得自己在这里练就了一身本事，庙小容不下你了。可离开这里，谁能够给你更好的？你不妨问问自己。

第六，此时是最考验你灵魂的时候，你的路或许将在此转弯。

如果是我，我会继续做下去，努力干到老板给我股份——他移民，我接手。

如果我有心自立门户，在真正离开之前，我都会竭尽全力，服从老板，并且不在乎别人是否超过自己，努力带领大家一起成长。等自己翅膀长硬了，可以自立门户，就能够走得更安心。

到那时候，跟老板谈开，自己要另立山头，但绝对不抢原来的客户，如果短兵相接碰到了，自己撤。没到饿死的份儿上，赚钱要有道。

第七，受恩于人，当永记。

无论自己有多能耐，毕竟是老板给了你平台。当然，你也给老板创造了更多的价值。但终究，老板是你命运中的贵人。

一个人聚财，不一定是因为他有才——你可别恃才放旷，有时恰恰可能是因为他傻一点、钝一点，处事更宽厚，才聚敛了人气。

钟 荔

找同行网主编，找同行网创始人

我认为两位老板言重了。中国虽然是人情社会，但首先是法治社会。劳动关系是法律关系和契约关系，既有《劳动法》又有《劳动合同法》，如果公司与李依胜签有竞业禁止协议，同时也按照法律规定给予了相应的经济补偿，那么李依胜跳到竞争对手那里或者在同一行业创业确实违法——但即便如此，也只有两年的限制。如果没有上述约定，李依胜怎么做是他自己的选择，有些行业很窄，专业性又强，不让人去竞争对手那里难道让人喝西北风?

看得出李依胜比较坦诚，他敢把自己的各种细小心思袒露给大家。人性是相同的，老板未必就高大上，也会有阴暗的一面。我相信李依胜一定感受得到老板是真的信任自己还是提防自己。如果老板真的无私，李依胜又何必纠结呢?也请各位老板反思一下自己：不要员工跟你谈法律时，你跟人家讲人情，等员工讲人情时，你又说法。

李依胜

管理人士

感谢宋老师直言不讳，也让我反思自己。

我工作 8 年，经手业务数亿，钱账从无一丝一毫经不起推敲。带团队从两个人到 20 人，无一人收入低于我 20% 以上，甚至有 6 人和我一致。近几年我每年才休息 8 天，经常写邮件写到天亮，年平均出差 8 个月，算得上敬业吧？

不错，老板是给了我平台，可我也付出了很多！

宋老师说我“私字当头”，心胸不够宽广，可老板不也如此吗？他培养别人来制衡我，不也是为了自己的利益吗？！难道我出去就是背叛，就是天理难容？！

您把我想得太阴暗了，又把老板想得太高尚了！

黄志方

深圳三思纵横科技股份有限公司董事长

数年前，我的一个下属要买房，我借给他一万块钱。后来他跳到某家外企担任营销总监，是我的头号竞争对手。但无论何时何地，只要碰到我，他都是毕恭毕敬，甚至退让。

香港有句话：来时敬主，去时辞东。这句话点出了打工的秘诀。

即使走，也要光明正大地走，不带一个员工地走，坚决不能用杀回马枪的方式换取你的下一步成绩和事业。你很年轻，又有能力，天下的钱是赚不完的，唯有在做人方面是不能失策的。商场是一个江湖。

切记宋锦添说的：你的老板是你的贵人，如果认识不到这一点，你的人生会有麻烦的。

老板培养新人来制衡你，这是正常的。我曾经有一个顶尖的下属，我对他的评价是唯此一生只此一人。他经常把我对他可能的担心直接摆在桌面上，然后建议我如何防范，甚至替我设计具体方案。这是何等的心胸和气魄！

高世德

广州荣盛公司总经理

两年前，我就是现在的你。我选择了自己干！

反复读了你的故事，感觉到你特能吃苦、看得长远、思路清晰、爱憎分明、敢闯敢干……看着你的纠结，就想起我当时的经历。说出来，看看对你有没有帮助。

我想自己干的根本原因有两点：其一，老板白纸黑字写好的待遇，年底不兑现。其二，老板基本不管事，还觉得自己很了解市场、很懂管理，就想着扩张。

我当时的待遇取决于年度绝对营业额（分阶梯），以及达成绝对营业额的费用控制情况。两者达成一个，均有奖金；两者都达成，奖金很高。为了提高营业额，我做了很多部署，包括主做大客户、聚焦产品、区域试点然后全面复制、组员竞赛互补、分出自己部分奖金激励下属……终于，年底营业额达成。为了省费用，我一年接近10个月泡在市场，几乎所有事情都是我带两个主要助手解决。谁知，年底老板竟然只兑现营业额奖金，费用节约奖金只字不提。后来才知道，原来老板用那笔奖金请了专业顾问公司！想想也是，我做了5年，该发挥的已经发挥，身体也不如以前，而那个顾问公司是业内一个知名的团队。傻子都明白这是一个绝对划算的买卖。所以我没有任何犹豫，离开了那个地方。

对于我的离开，包括老板在内的许多人都很惊讶。有些同事私下请我吃饭说：头儿，你去哪儿，我们就去哪儿！你自己干，我们也可适当资助！

当时实在没想太多，觉得大不了再给别人打工。但真自己干了之后，碰到了很多意料不到的问题：

1. 客户

客户听说我自立门户了，纷纷表示可以合作，但当真正洽谈的时候，要么说忙，没时间，要么说有类似产品，要么价格压得很低。要知道，当初为了帮助那些客户冲业绩，我们就像战壕里的生死兄弟一样互助。事实上，我离开后，公司跟顾问团队的合作并不愉快，销售额剧减，员工纷纷离职，但即便如此，那些客户依然没跟我们合作。直到一年多后，才有极少数客户慢慢开始跟我们谈。

2. 团队

原本有十几个同事答应过来帮我，结果就来了两个，而且还是从来没有跟我表过态的。即便是我亲手培养三年的助手，都没来援助。而几年后，我的公司在市场上有了一席之地，当年的同事们纷纷开始联系我了。这让我深刻认识到：大多数人都是看风向的！

3. 资金

虽然活过来了，但公司要获得持续利润，就必须投入新品。市场在变化，如果不投入新品，肯定长久不了。这两年下来，除了每个月拿点儿工资，就没有额外进账，完全靠老本。如果缺乏足够的资本，创业是难上加难呀！

黄铁鹰

北大光华管理学院教授，找同行网创始人

我一直在关注这个案例，但始终不敢回答，因为没有经历。看着志方、锦添和世德几位老板的回复，觉得他们的建议对；但是再看你补充的情况，又感到就这么忍着也不是回事。人心里有疙瘩，整天心猿意马不行。

你是一个管理者。我认为管理者最重要的管理目标应该是自己，第二重要的就是老板，第三才是下属。这些老板给你的建议都是最重要的，要你管好自己的心。我认为除了这个，你也需要用更好的方法和更大的勇气去管理老板。

人与人之间的关系都是在互动中逐渐形成的。你与老板相处了8年，我相信你们之间已经快形成君臣关系了，否则，你不会故意拍老板马屁。这同第一代帝王打天下的情况一样，刚开始称兄道弟，最后变成了君让臣死，臣不得不死。

如果我是你，既然连辞职的心都有了，为何不跟老板谈一次?！不要猜老板怎么想。老板都是人，从自己兜里往外拿钱都不舒服。很多老板在能干的下属走了之后，才知道后悔。怎么谈？开诚布公。“老板，我要加工资，一个月1万元的工资，去掉4 000元房贷，我不够花，我希望能给我加4 000元。”

如果老板能把年薪加到15万元，你心里是不是就好受些？如果老板不加，或加不到15万元，你再骑驴找马。

我估计这个策略的难点只有一个，你很难开口。我有一个朋友，给一个老板打了10年工，他真把工作当自己的事了，每年跟你一样很少休假。可是他一直对待遇不太满意，见我时总抱怨。我说你去跟老板谈呀！可是再见他，还是没谈。我问为什么。他说，我本来想好了要谈，甚至都打好了腹稿，可是一见老板，就说不出来了，他的气场太强！我听后骂他，你只能说老板喜欢听的话，这不就是奴才吗？老板就是让你们这样的人给惯坏的，公司也都是让你们这样的人给搞坏的。

我的朋友不是奴才。后来，他辞职了，开了个饭馆。老板一年后找他，承诺工资提高一倍，但他不能回去了。

职业精神不仅是拿人钱财替人消灾，也包括为自己争取应得的利益。

王克阳

从事销售团队搭建和采购管理工作

我推测你很重感情，充满热情，善于抓住要点，做事坚决、狠辣，敢针锋相对，敢于硬碰硬，虽精明但无城府，所有的心理活动都会写在脸上。

虽然你对公司贡献很大，但在老板看来，还有些让人不放心：

1. 自己把控公司关键区域和工作内容，容不得别人插手。

2. 公司除了你本人做得不错，其他人员的培养并不很成功。

3. 许多营销人员都是你的人，老板对他们控制力较弱。如果你倒戈带领他们单干或者去竞争对手公司，会对公司产生非常大的冲击甚至致命影响。

4. 公司目前以求稳为主，但你提出的很多建议都带有极大的冒险性，都是耗时耗力的战略动作，虽然看似诱人，但如果做不成功，可能功亏一篑。而且有些建议，可能违背老板同外商的约定和老板的道德观。

5. 老板感觉出你有单干的念头，而且你很可能会从他这里挖人和客户，甚至想把国外供应商都挖掉。

6. 老板派自己的亲戚来公司，都制衡不了你，而且你明显瞧不起他们。这对老板是多大的威胁啊！

老板遇到一个优秀的员工，首先是培养他的能力，然后观察他的心性，看他是否有涵养情操，看他是否能沉稳隐忍。如果能力强，人又靠得住，凡事不会做绝，甚至有自我奉献和牺牲精神，老板才会授以重任，如果可能，还会给予分红甚至股份。

如果在培养的过程中，发现心性有问题，那老板一定非常头疼。他的关注点更多的是这个员工潜在的破坏力，而不是贡献力。面对这样的员工该怎么办呢？

1. 肯定不敢继续授权助其壮大了，否则迟早该员工会吞了老板。

2. 赶走他也不是办法，破坏力太大了，而且跟自己这么久，有贡献也有感情。

3. 那就让他保持现状吧，待遇不变，对他再好一些客气一些，然后，慢慢找人替代他或者平衡他。如果他要提涨工资就适当涨些吧。

4. 如果他真要自己创业，那也没办法，到时候再重新招聘培养吧，以后再也不能用这种野心太大的家伙了。如果他自己单干，在货源上没有优势，也没什么可怕的。如果去竞争对手那里，估计竞争对手也只是利用他来伤害我，未必敢重用这种家伙。但我要尽快同供应商谈谈这个事情，如果供应商支持我，这个员工在竞争对手那里也发挥不了什么作用。如果供应商不支持我，那供应商也是一丘之貉，我以后要留一手了。唯一可惜的是，培养了这么多年的员工去了竞争对手那里，伤了老板，更伤了他自己的名声和前途。

但该怎么同这个下属讲呢？难啊！讲了反倒撕破脸了。要老板下杀手，老板是不杀的，就等着员工下杀手吧。老板能做的就是在他下杀手之前把伤害降到最小。

这就是我的分析。你老板挺厉害的，也挺不容易的。你也挺厉害的，也挺不容易的，你们两个性格和能力完全互补。老板的思维和行为比较稳定、谨慎，偏向战略布局。你的思维和行为冲动、大胆，擅长战术和战役。老板能驾驭好自己，能被国外供应商驾驭，能适当地驾驭你。而你，驾驭不好自己，驾驭不好老板，更驾驭不好你的同事。想想看，你的同事是信服你，还是怕你？

我建议你还是离开吧。这样下去，你自己纠结，野心放不下，自我认知又太好，别人不敢批你。老板也累，留着，不放心；培养，更不放心；送给竞争对手还是不放心。难啊！还是由他去吧！

另外，我相信你还是比较重感情的，之前表露出来搞掉老板的想法，只是冲动。

如果一个人的发展是靠对公司的伤害和破坏的话，这人，谁敢用?

想想当年刘备对曹操说的那句：明公不见布之事丁建阳及董太师乎？确实在理。

徐　放

创办多家通信服务企业，旗下的宽畅通信是北京最大的交通信息服务提供商

前面很多老板都提出反面的意见，似乎还有点一边倒，估计你看了之后很不爽。因为大多数给你建议的都是老板，正所谓屁股决定脑袋。

我认为：

人很难客观地评价自己在公司的作用和自己的能力，因为人都会不自觉地放大自己的作用，这是人性。在你高估自己的同时，必定也贬低了老板以及其他同事的能力和作用。

当然你的老板肯定也容易犯这种错误。

建议先休个假，一来让自己心态平和，好静下心来仔细考虑你、

老板和公司的问题；二来也看看公司在你离开的这段时间里的运转情况。之后建议你用邮件的方式和老板沟通，把你这段时间的思考，对自己和公司发展的构想，甚至是对薪酬的希望和你内心的纠结，都真诚地表达出来。如果我是你的老板，感受到你如此开诚布公地袒露自己，我也会真心地和你交流甚至会给你一些建议。

张 宇

外资企业中国区销售经理

同为打工者，我完全能够理解你。我想，对你来说，最重要的是你感受到了老板的不信任，无论是老板安插亲戚，还是越级插手，这些都让你不安。我本将心对明月，奈何明月照沟渠。我相信你一定是全无私心、一腔热血地去帮老板跑生意开发市场，可是等你刚刚起色，却发现老板正在暗处防备你。爱之深，恨之切，你越是付出，越是感觉被伤害，这种背叛的滋味，尤其是被老板防备的滋味，我懂。

我预言你一定会自己干的，因为你是一匹狼，而你的老板要的是看门狗。我相信你一定会成功，不要被某些人的道德批判束缚，有商业社会、法制社会，但从来就没有什么道德社会。你想对老板讲道德，可老板对你讲了吗？

请问，老板难道就天然正确，就天然无私，就天然公平?

每个人都是独立的个体，只要不违法，我们应该鼓励和号召越来越多的人出来自己创业。只有群雄争霸，才能百家争鸣。

陈征胜

成都极致机电有限公司董事长

我与你年纪相似，同样都是代理商，也有一些经销商渠道，并且接触过一些世界500强企业。只是我们位置不同，你是经理人，我是自己从无到有创业七八年了。

我开始创业的时候因为公司太小，招不到人才，甚至连一个可以沟通交流的员工都没有。而你却能把一个小公司做到这么大，这么成功，老板也愿意把大权交给你，说明你很有能力。像你这样能主动思考、自动自发、勤于努力的员工是很少的。

只要我看到员工有几个方面做得好，就特别愿意掏心掏肺地和他交流。其实老板都是很孤独的，能够有几个心腹，真是人生的一大幸事。如果我遇到你这样的员工，也一定会像你老板一样，把很多经营的事交出来，也愿意多花点钱留人。而且，8年的时间真不算短，这份忠诚是很难得的。很多老板愿意为忠诚的员工多付出一些，不仅仅是因为生意，更有一种情怀在里面。

不过，你的成功虽然有自己能力的因素，但更关键的是老板为你提供了平台以及其他同事对你的支持。

我像你们老板一样，也没时间关注公司内部事务，因为我必须在供应商、银行、商会、社会关系上花更多精力。总代理赚钱的原因很多时候并不取决于销售，而是依赖于供应商平台的支持。当初，我们为了得到供应商的支持，软磨硬泡了半个月，谈判不下十余次。供应商会观察代理商的品行和能力，只有他们认为对味了，才会换来货物、人员和账期的支持。

不仅如此，每年与供应商对账的时候，老板又要忙着去融资，找银行贷款，找朋友借钱——这些债务都是老板在背。

有时候经理人觉得老板不务正业，不关心客户，不到公司上班，其实老板的很多工作都是在 8 小时之外的。老板要面对政府关系，要感受外部风云的变化，要平衡多方利益，要忍受别人的误解、下属的背叛、人情债的往来，还有各种灰色的东西。不当家不知柴米贵。

我感觉你想要的不仅仅是钱，更是一个事业，一份权力，一种能够自己当家做主的感觉。

我认为你只有两条路可走。第一条路是离开公司，放弃一切，下海创业。

如果你早早自己干，可能现在也有所成就。可惜老板给的条件太好，你没舍得出来。我熟悉的几个创业者当年都是一无所有，没有女朋友，没有家庭，没有负担，可以面对高强度的工作。失败了，大不了从头再来。而另一些毕业就加入好公司的朋友，很快恋爱结婚，买房买车，生小孩后又要为了教育考虑购买学区房。他们就被金手铐铐住，离不开公司了。如果辞职，车贷房贷、孩子上学的钱都凑不上。因此在公司再受气，也得忍着，有好机会，也不敢尝试，一旦失败，成本太高，就这样错过了创业最好的年华。

而现在，要你放弃一切，出来创业，时机并不太好。30多岁，有家有室，你敢卖掉房子创业吗？还能像当初那么拼搏吗？现在的你离开公司的平台，真的什么也不是。谈生意，请一顿饭就是几千块钱，干什么都得从自己兜里掏钱。小兄弟们不会跟你出来的，供应商不会支持的。

另外一条路，就是跟着老板，只问耕耘，不问收获。

在现有平台上不断努力，赢得老板信任，赢得行业地位，也为自己积累更多的资源。

我认识很多老板，真的想放下生意不做了，因为实在太累，子女也不愿接班。有几个朋友已经在努力学习企业股份制的课程，就是希望有人能够帮他把公司传承下去。

所以，如果你真的把公司当成自己的企业，那就努力工作，与老板畅谈沟通，了解他对于企业传承的想法，以及你想创业的想法。

或许再过几年，他会把企业传给你。当不是为钱工作时，看到的东西就会不一样。

这些年经商下来，我感觉真正的机会绝不是教科书中写的——凭自己开创的，而是别人给的。商道并不在于利润，而在于赢得人心。

我有幸见过美国林氏集团的董事长林建中先生。他最早给老板打工，后来自己创业，再后来前老板生病，他马上放下自己的生意，跑回去帮老板经营。最后，这个老板愿意把公司卖给他。而林先生出不起钱，就先租，最后再买。他现在已经成为美国纽约的酒店大王。正是因为林建中重情重义，他才最终赢得了老板的心，也让自己有了一个更大的事业平台。

李依胜

管理人士

审视反省后发现，之前确实是宣泄情绪多了一点，想法比较自私，谢谢大家帮我指正。但同时，老板也没有各位想象的那么好。

我已经离职……

原本计划休息一段时间后再找一个公司重新开始，但现在改变主意了，因为有人愿意出资，所以，目前在注册新的公司。

走到这一步，经历了太多。我先是和老板心平气和地谈了目前的顾虑和以后的规划，并且提出需要更高的人事权力，并没有提待遇的问题。老板口头表示会考虑，私下却找到我的两个主要下属，交代他们以后业务不用和我沟通，直接向他本人汇报，并且许以重诺。

但这两个人更信任我，当天就透露给我，所以我毫不犹豫地递了辞呈。本来还希望能够好合好散，但没想到那两个下属中也有一人随后辞职，而且和老板说：如果不是我在，他早就走了。

这直接导致老板认为我在捣鬼，挖他的墙角，紧接着是一连串的批判。我没有任何解释，更没有反驳，没有必要了。

令我欣慰的是，生产商第一时间和我联系，并且取得一些共识，下游几个骨干客户在我介绍了准备开始的新公司和市场计划后都比较认可——逼出来的第一步，现在看来，顺利得出乎意料……

这也印证了我的观点：利益才是维持各种关系的根本。

老板和员工，是互相成就的关系，不一定是谁欠谁的。

后来，我听说老板多次找人倾诉，他是如何培养、重用我的，也有很多人找我打探离职的内情。可事情过去就过去了，生活就像多米诺骨牌，谁也不知道碰倒一块，接下来会发生什么。我已经顾不上那么多，现在唯一的想法就是尽快带好自己的队伍……

5. 直接领导跳槽，该追随他的呼唤而去吗？

苏丹　北大光华管理学院 2011 届专业会计硕士，某能源投资公司高管

我是 B 类券商下属香河营业部的营销总监，现任老总是新调来的兰总，原老总刘总跳槽到一家 A 类券商的某营业部，两家营业部不在同一区，但是属于竞争关系。

我和刘总交情甚好，他的许多业务关系都是我介绍的，所以很想拉我过去做副手。如果我跳槽过去，职位、待遇都有提升，新公司也比现在的公司更有名气。不过刘总也是空降兵，好多业务都是刚刚起步，人员还不是很熟

悉，局面也不稳定，未知的因素太多。

而兰总在香河营业部没有能用得上的人，想全力依仗我来发展扩大业务，人员梳理、客户资源整合以及后续的发展规划都需要我参与，如果我离开，必然要造成一段时间的混乱，我有些于心不忍——这违背我的道德观念。

可如果留下，我跟兰总不太熟悉，虽然她很器重我，但她的能力一般，也不太懂业务，还容易偏听偏信。我手里的客户资源和刘总有重叠，在业务方面很容易与刘总形成利益瓜葛，兰总会怎么想？会不会影响与刘总的关系？

其实资源大多掌握在我的手中，在哪儿都不影响我的未来发展。一边是邀请，一边是挽留；一边是友情，一边是寄托，我是去是留呢？

黄铁鹰

北大光华管理学院教授，找同行网创始人

客户是最应该考虑的！

哪个平台会给你的客户提供更好的服务？

你可能会说：都差不多。可是，仔细想想，真都一样吗？

哪个平台会让你对客户的服务更从容些？

如果我是你，我不会跟原老板走。这个行业，谁有客户谁是爷！

你需要提醒自己，不要对新老板有先入为主的刻板印象！

刘文玉

北京中仪大珩科技有限公司总经理

你的人品相当不错，是一名优秀的职业人。

纠结来源于你的目标不明确，先不考虑与两位老总的关系，请你思考：你今后的职业发展目标是什么？

我20多年的工作经历中更换过几个公司，最大感觉是好工作不如好上司！在目标明确的前提下，建议你还是投奔老上司，这样才可能最快、最大限度地发挥你的能力并获得最佳回报。

苏　丹

北大光华管理学院2011届专业会计硕士，某能源投资公司高管

黄老师和刘总的意见相反，看来这个抉择的确太难！

兰总又冒出一个爆炸性的新闻：她可能也待不久！因为她是跟随副总裁来的，现在总部高层争斗厉害，副总裁可能有离开公司的意向。

这下我更纠结了……

张之峰

波司登国际控股集团团购管理中心总监

我虽然不是金融行业的同行，但无论哪个行业，都会遇到类似问题。先不要考虑领导的因素，仔细分析一下公司的发展前景：它的潜力如何？客户对原公司的认可度和美誉度如何？这个公司的领头人或者这个营业部的大领导的发展理念以及经营思路有没有可持续性？

如果你把以上这些问题都想清楚了，就能判断出这个公司是否还值得你继续效力。

不知你在这家公司任职了多久？如果只有两三年，那我认为你不应该仅仅因为上司的缘故就离开。要知道任何一个公司都会考虑员工的忠诚度。职场哲学说得好：宁挖一口井，不挖十个坑。

再者，你的能力很突出，掌握了大部分资源，也因此原、新老总都很重视你，那你就更不应该离开了。新老总不熟悉业务而且不稳定，为了公司的发展，上级部门势必要找一个稳定且有能力的人委以重任，所以你的机会很大。这个时候你的坚持，正展现了你的品格。做好自己的事情，不要受别人的干扰，毕竟公司的客户积累与业绩是硬道理。

杨少彬

金融界网站信息网络管理中心总监，北大光华管理学院 11P2 班

我赞同张之峰的观点。

商场上有句老话，“没有永远的朋友，也没有永远的敌人，只有永恒的利益”，意思是做生意要从利益出发，职业选择也是一样。你首先要抛开其他因素来冷静考虑：自己的职业目标是什么、哪家公司更符合职业发展，其次才是看领导。

老领导的赏识固然重要，但他能承诺给你的是什么？

苏　丹

北大光华管理学院 2011 届专业会计硕士，某能源投资公司高管

谢谢张之峰！

我准备等等再决定。目前看来刘总那里不确定性比较大，以静制动还是比较保险的。

虽然刘总那里的平台肯定比现在的好，但是现在的营业部正处于转型时期，如果做得好也能引人注目。

反正两边都是做手下，那不如做好自己，将来让别人给我做手下。

焦高魁

中国政法大学首届MBA，任职于天津大通投资集团投资管理中心

我的建议是追随刘总。

原因如下：

1. A 类券商比 B 类券商好。

依据证券公司分类监管规定的划分，A 类公司的风险管理能力在行业最高，能较好地控制新业务、新产品方面的风险；B 类公司的风险管理能力在行业内较高，在市场变化中能较好地控制业务扩张的风险。

证券经纪业务正面临转型，由通道向产品（多样化）、服务（资产保值增值）转型，A 类券商一定能提供比 B 类券商更好更多的产品与服务支持。客户更需要 A，所以你选 A 当然比选 B 好。

2. 原老总提供了更好的薪酬、职位。

相比 B 类公司，当然选择更多薪酬、更高职位的 A 类公司。更高的职位能带给你更高的视野和不同的资源，你应该去锻炼下，为今后的发展做准备。

而且，随着刘总的离开，你会丧失部分客户，丢失一些利益。

3. 刘总很需要你，你们已经有了良好的合作与个人关系。

4. 即使刘总不能在新公司站稳脚跟，他也不会离开证券行业，总会找到落脚的地方。只要你信任他，就可以一直跟着他。

5. 去了 A 类公司，或许还能碰到其他更赏识和提拔你的贵人呢。

徐　彬

博思笃行（北京）管理咨询公司创始人兼 CEO

黄老师的观点是跟对客户，刘总的观点是跟对上司，都非常有道理，但我觉得可以再开辟一种选择——跟对公司或者说平台！

从《史蒂夫·乔布斯传》中我们看到乔布斯其实有很多缺点：自负、利己，乔布斯经营的公司也是大起大落，大落大起。虽然苹果公司辉煌的原因我们无法给出一个满意的答案，但是我想苹果无疑是很多人才向往的平台！

个人的发展是基于平台，如果没了平台，个人将步履维艰！

因此应该审视的是哪个平台才是你实现梦想的舞台！关系自然要处理，客户自然有冲突，这些都很重要，但是也都不重要。

苏 丹

北大光华管理学院 2011 届专业会计硕士，某能源投资公司高管

谢谢大家的指导！

我最终决定去刘总那里了。经过一段时间的接触，兰总确实存在一些管理上的缺陷，有一位十几年的老员工忍无可忍辞职了，其他员工也开始寻找出路。我最近要做的一个业务也因为兰总的怠慢以及总部的帮派斗争险些搁浅。我真是有些生气，加上刘总一再力邀，我终于下定了决心。

第二章

抉择

6. 大公司 vs. 小公司

马　雯

我年近30岁，已经独自在北京漂泊了5年。初到京时在业内的一个大型服务公司工作了三年，其间还用了一年半到国外深造，拿下了硕士学位。但公司的业务以人力资源为主，较少接触管控授权、企业文化、品牌战略等方面，我那时年轻，一心只想在专业技术上早日成熟，读完硕士后，便辞职去了业内一家中等规模的上市公司，从事管控方面的工作。又是两年过去，现在有两家公司向我抛出了橄榄枝：第一家是小公司，职位是业务类总监；另一家是业内排名前10的大公司，请我负责专业平台搭建及管控。

我和那家小公司的老板小有交情，非常信任他。另外，跟着老板也容易接触到较高层面的行业资源，是一个难得的机会。但那家公司尚在巩固期，首先面临的是生存问题，业务还会受到市场周期性变化的影响。而且，业务总监只是协助开展主营业务，并不能接触到公司最核心的资源。

如果去那家大公司，上升空间未知，工作内容也没有吸引力，不过大企业抗风险能力强，而且发展稳定，也能给我的简历增色。

这两个职位起薪差不多，大领导的管理风格也颇为相似，选哪个更好一些呢？

刘立明

某集团常务副总

我不知道你在什么行业，仅从个人角度，谈几点感想：

1. 首先要细细考量一下自己积累的工作经验，包括专业经验和管理经验，以及能够证明自己的工作业绩。一定要实事求是，别人认可的才是真实的。

职场历练需要时间的煎熬和积累。你实际的工作年限只有三年半，另外那一年半在镀金读书，对职业提升并无实质帮助，我推断，你的工作经验可能不够系统，良好的职业素养应该还没有完全养成。五年的工作经历徒有其名而已。

2. 毕业后的第一家单位比较重要，最好去知名规范的企业，对培养良好的职业心态和习惯很有帮助。虽然公司大小和规范与否并无直接因果关系，但大公司的制度体系、运行机制、管控授权、企业文化、品牌战略等都比较健全，能学习的地方相对更多些。如果在大公司踏踏实实干个三五年，专注于某一领域，肯定有收获。

3. 你提到了两个选择，一个是业务方向，一个是管控方向，这值得好好考虑。业务和管理是两个工作领域，业务更专注于业绩、创新、动态、资源整合、协调等；管理更侧重于流程、固化、标准、稳健、执行等。

仅从你的描述判断，我建议你先去大的公司，积累专业经验。

很多时候我们迷茫，是因为内心的贪婪和不自信，想两个好处都占着。可是职场中很多选择和规划都不是理性的，更没有是非对错。工作是干出来的，不是规划出来的。只有选择并且真正投入进去，那些假设才能被一一验证，而且一定会出现之前没有料想到的情况。

因此，认清自己比选择重要。这个阶段你最需要什么？是大公司规范的工作经历还是小公司高职位的综合历练？

朱世杰

实战人力资源管理专家

我也建议你去大企业。立明老师说得非常详细，我从职业发展的角度补充4点。

1. 大企业的背景有助于今后的职业发展。

我做猎头时，曾经猎取过不少高管及高级专业技术人才。我发现推荐候选人时，客户的首要问题就是候选人的背景，尤其关注他的上家单位。老板都希望新人能立即进入状态发挥作用，快出业绩，创造价值。所以，名企背景具有光环效应和品牌效应，好背景是敲门砖。

2. 大企业发展空间大，内部机会多。

你说在这家大企业“上升空间未知”，去另一家小公司就可知了吗？任何一家单位都是不可知的，一则，市场瞬息万变，曾经辉煌的诺基亚，现在如何？二则，你不是掌舵人，只是一颗螺丝钉，那为何不做一台名牌发动机上的螺丝钉？三则，在任何单位，你的未来都取决于绩效表现。试问：哪家企业能在你进入伊始，就拍胸脯，承诺3年以后能给你什么？就算是给了口头或者书面的保证，也不过是信口开河。

至于“工作内容没有吸引力”，我认为招聘广告描述的职位信息未必是这份工作的全部内容。建议与人力资源的人和直接上级细致沟通，咨询清楚。而且你以后也许有机会转岗，在企业里，工作职责不可能永远不变。

3. 小企业风险偏大，容易被边缘化。

生存都有风险的企业并不适合你目前的职业生涯发展阶段，个人职业发展阶段与企业发展阶段相互匹配才能最大限度地发挥自己的作用。创业型企业，一定会找那种不计加班辛劳、不计工资报酬、愿意先苦后甜的员工，马云当年创业时所带领的十八罗汉就属此类。你如此纠结，可见不是真想一起创业，看中的只不过是跟着老板容易接触到较高层面的行业资源，觉得是一个难得的机会。

老板邀请你加入，的确是爱你有才。但你要清楚，一个徘徊在生存边缘的企业一定是业务为王，而你只是对主营业务做辅助支持工作，一旦与核心业务的总监发生摩擦，老板会站在哪一边？即使核心业务发展顺利，你的功劳也比不上直接负责的总监，对不对？而一旦你的表现不能满足期望，你很快会被边缘化甚至劝退。

4. 年轻时，选择工作不要太看重钱，应该注重经验的积累、人脉的搭建、行业资源的收集以及专业与管理技能的提升。渠成水自到，只要有本事，还怕赚不到大钱？另外，不要贪慕虚衔。如果没有在一个行业、一个公司沉淀个十年八载，没有成为这个行业的专家，就算拿着总监的名片，也会心虚。

马 雯

谢谢各位的指教！再补充一些信息：

我是一名未婚大龄女青年，不得不考虑一些现实问题。一两年内，我没有组建家庭的机缘，所以将重心偏向了工作。但同时也明白，一旦结婚，工作和家庭的平衡将更有挑战性。因此，我非常珍惜还能将主要精力放在工作上的这段时间。

1. 我对自己的专业能力很有信心，但不擅长察言观色，职场情商不高，这是亟须锻炼的。小公司的团队里有第一家大公司共事过的同事，彼此信任。而且他们的阅历、人际交往能力都比我强，算是能“对症”指导的老师，这也是这个小公司的优势之一。

2. 我不擅长人情世故，也因此吃过亏，所以希望能在环境单纯的团队中工作。担心进了大公司，这个短板会限制自己在大平台上的发展。

3. 我非常认同刘立明老师总结的大公司的优势。回想这 5 年，确实是在第一家大型服务公司里学得最多和进步最大，也做得顺手，只是因为我更喜欢做业务方面的工作，才有跳槽的想法。可自己在资源整合协调和人际沟通上没有优势，又怕做不来，所以纠结。

4. 朱世杰老师提到的两个问题，正是我纠结的原因：

（1）个人职业发展阶段和企业发展阶段的匹配。

一个将要 30 岁的大龄未婚女青年，一方面职业发展黄金期快要到头，另一方面成家的压力也更加迫切。我对结婚生子抱着“尽人事，听天命”的心态，暂时没有把它当作头等大事，而是想在事业上再努力两年，抱着“拼了，不行就撤”的心态和自己较劲。所以，无论是去大公司还是小公司，我都会尽心尽力。

（2）应该注重经验的积累、人脉的搭建、行业资源的收集、专业与管理技能的提升。

无论去哪家公司，都能积累经验和人脉，区别只是，这两家公司的资源属于不同类型。

大公司提供的是从属于大平台的行业、岗位和人脉资源，离开了大公司这些人脉都不存在了。另外，在大公司做内控更多的是专业技能的提升，作为专业经理，手下是没有兵的。

小公司的老板拥有更丰富、更综合的行业资源，而且需要我带新人，这样在管理上也能有所提升。

刘立明老师问我这个阶段最需要什么，我怎么觉得都需要呢?!

朱世杰

实战人力资源管理专家

再说下我的看法。

1. 二十八九岁没结婚的姑娘一抓一大把，别自我设限，总说自己是什么大龄未婚女青年。我认为你这一阶段的目标设计要均衡，60% 忙于工作，20% 用于学习成长，10% 健身或锻炼，最后 10% 交际或者相亲。工作不是人生的终极目的，缘分这东西谁也说不清楚，谁知道幸福哪一天会敲门？所以，该工作的时候就认真工作，该相亲的时候就去见见男生。

2. 出业绩要趁早，30 岁之前有机会却不进大公司，而寄希望在小公司积累成长，时间成本太大。等结婚生宝宝之后，你会发现，你最看重的身份是母亲。你现在最需要的是知名企业的背景和光环，有了这个做铺垫，将来去哪儿都能自信从容。

丁 二

女孩儿到了这个年龄，选择工作的第一标准是方便找对象。公司大小都不重要，要看哪里能多接触人。其次是少加班。没机会，没时间，怎么随缘？

女人，没有工作，但有家庭和孩子，也是完整的；有好工作，但没家没孩子，却不算完整。

再说，事业发展不可控因素太多，婚姻自己能把握的东西则稍多一点。

一个过来人的建议。

杨中秋

深圳市学习力文化传播有限公司首席训练师

建议去小公司。

1. 看两家公司未来三年发展的潜力和趋势，时势比人强。骑快马，比骑大马重要。

2. 哪个公司更可能重用你。在公司的核心圈子和非核心圈子，是有本质区别的。

3. 虚名不重要，是否参与管理很重要。员工和经理有本质区别。管过人的，考虑问题的层面就不同。

4. 大部分工作都差不多，都有风险和不舒心的时候。大公司和小公司都有自己的局限性，要成功关键是肯坚持。在一个行业、一个公司、一个岗位沉下去，熬出来，你就赢了。

5. 女孩子，干得好不如嫁得好，找老公比找工作重要多了。

杨志平

房地产行业营销高管

我也面临过类似的纠结，我的选择是小公司。

但我的感受是：

首先，在小公司，我必须用专业和自信影响周边的人，别人才能信服我，听从我。这是推进工作的前提。同时，在小公司，同事的整体水平比大公司差很多。非常简单的事情，也需要亲自指导。

其次，小公司更忙。老板提出上市的目标，销售指标翻番涨，压力很大。生活是不可能轻松的。

最后，不要过高估计你和小企业老板的关系。你现在是被挖掘的对象，他当然礼遇有加。一旦进入公司，你就是拿薪水的下属，自然不可同日而语。

所以，如果你抱着去小公司学习的心态，那一定要慎重。小公司不会给你时间学习，需要的是你带领团队冲业绩。你若不是足够专业和自信，还是去大公司深造吧。

宋锦添

某广告公司经理，创业十余年

1. 关于大龄。

婚姻是缘分，不是你准备好、设计好就会来；也不是你接触的人多就容易找到的。因此，我同意你的看法，先把事业做好。做好今天的事情，比计划和等待更重要，免得事业与婚姻都错过。

2. 关于犹豫。

犹豫是因为左手拿了半斤、右手拿了六两，两边的好处都让你放不下。人生的智慧，不只是学历和知识，还有决策能力，决策就是取舍。不选，错过时机，可能两种好处都没有了。所以，都说性格决定命运，很少听说学历决定命运。

现在，你个人倾向于去小公司，也好啊。幸运的人在哪儿都左右逢源，不幸运的人在哪儿都碰壁。按照心灵的声音选择，选择了就相信自己，这样的生活才会简单和轻松。

有时，表面上分析得很清楚，看起来很理性，但做选择时还是受自己内心声音的驱使。因此，摸摸心，仔细听，总会发现内心的天平略微倾斜。也因此，有些事情征询别人的意见，往往没什么用处，每个人的感觉都不同，无论别人怎么说，自己最后还是会坚持自己的选择。

我们仅能给你提供一个视角，关键还是自己。

马 雯

非常感谢大家！我已经做出选择，也工作了一段时间。

我最终去了小公司，最大原因是基于内心的不安——这个行业正处于大变革中，很多大公司已经因为各种原因迟滞不前，而那家大公司很不幸地就是其中一员，现在已经跌出前十。从职能上来说，我之前做过类似大公司的平台管控工作，感觉更像是一个经验型的岗位，就算等上几年也一样有信心胜任。

而小公司，因为生存压力，更加关注市场变化，反应也更快——至少现在这个阶段是这样。要求个人更能贴近市场，知识更新速度更快，也更贴近所谓专业型岗位，更依赖专业技能。考虑再三，我认为在小公司可以积累得更多一些。

当然，各位提醒过的问题都遇到了，还好有了充分的心理准备，心态上也能更平静一些。

每一次的工作选择都是人生的转折点。就像一个个交叉路口，怎么走都会有遗憾。但是，无论如何选择，只要认准这条路，坚持走下去，都会有一番风景，甚至还可能殊途同归。

7. 熟悉的行业 vs. 陌生的行业

Larry　新兴行业某中型民营企业营销副总裁

我工作 7 年了，前 5 年在世界 500 强外企做销售，做到高级经理后跳到一家中小型民企做营销副总。虽然是完全陌生的行业，但在我的带领下，每年业务都保持 100% 的增长，而整个行业平均才 50% 的增长率，我们也成为业内数一数二的品牌。但因为种种原因我再次选择离开，目前有两个选择。

一个是完全没尝试过的风险投资 / 私募股权领域的投

资岗位，来自比较知名的公司。

好处是：

1. 可以学习到新的知识，满足自己的好奇心和求知欲。

2. 对综合能力要求比较高，比如财务、法律、企业经营管理、市场等等都会涉及，可以让我得到全方位的锻炼和提升。

3. 接触到的行业和人都有潜力和档次，或许我还能遇到潜在的机会，至少可以熏陶出一些气质吧。

坏处是：

1. 又是进入全新行业，要恶补很多知识，不知道能不能做好。

2. 行业处于低谷，受 IPO（首次公开募股）停滞、经济下行等影响，整体境遇不乐观，行内的朋友一再建议我慎重。

3. 不像做实体行业踏实，感觉脚不沾地，不知道沉淀在哪里、自己最后能有什么发展。

4. 日常收入不仅比外企低，比之前民企也低。虽然项目退出回报高，可是不可控因素太多，钱扔进去，大多数就只能听天由命了，不像实体岗位，我只要全力付出就可能改变工作结果，总有点儿有劲使不出的感觉。

另一个是较熟悉的大外企平台，还是从事最早的相关业务。

好处是：

1. 我对外企文化和思维方式熟门熟路，而且我之前的业绩比较出色，圈里的领导和同事对我印象很好，行业也容易上手。

2. 工作成绩容易衡量，不像投资，一年可能一个没投或投了多年无法退出，不容易核算绩效。

3. 收入有保障，只要业绩不差，综合收入肯定比之前好。

坏处是：

1. 缺乏挑战，属于纯销售和项目运作，没有太多新东西可学，之前MBA里学到的战略、财务、经济模型也都用不到。

2. 外企也是论资排辈的，我毕竟离开过这个行业两年，再次进入一开始不会让我带团队，要单打独斗。

因身在山中往往不知其全貌，我应该怎么抉择呢？是否还有更多的行业可供考虑呢？

Martin Wu

恒天然原料部市场经理

我和你的经历有点类似。

我第一份工作也是在大型外企，在市场部待了 6 年后做到经理，随后被一家外资金融机构挖去做行业研究，也和投行 / 私募股权基金打交道。做了不到两年，又将要回归快消品行业——我个人的感受是工作最好还是选择自己喜欢的行业。

当初去金融业是看中了两点：一是可能成为职业转折点，二是收入高。我求知欲也很强，进去之后才发现金融业给不了我想要的东西。

个人观点：金融业看上去很风光，但很多人没做过具体行业，胆子却很大，什么都敢说，虚头巴脑的，让你心里没底。另外，我在实业里的很多经验在金融行业完全没有办法发挥，久而久之会觉得非常无聊，所以最后我选择了回归。其实去金融业试试也未尝不是一件好事，起码经历后能知道你到底喜不喜欢这个行业。

黎　明

曼卡龙珠宝采购总监助理

我也曾经从熟悉的食品饮料行业一脚跨到两眼一抹黑的首饰行业，分享一下自己的感触：

1. 30 岁，再做出选择要考虑和权衡很多实际情况，不能仅凭一时的冲动、爱好或者憧憬。

2. 一位前辈在我转行后说：“记住，不要这山望那山，要先专再宽，专需要时间的积累！”这句话也转送给你，因为你和曾经的我一样，或者说这个年纪的人乃至整个社会都一样，有些浮躁。

杨海燕

微软区域经理

前面两位的分析都比较理性，我的意见不太一样。

假如三年后你发现自己不适合干私募股权，转回老本行是否还有市场？薪资是否能有所增长？你的太太对你工作的稳定程度有没有要求？

如果以上都没有问题，那为什么不去尝试一下呢？等 35 岁再转行就真的有点晚了。另外，老本行不是什么时候都能干吗？

吴倩然

互联网金融公司市场总监

我认为，而立之年，选择比努力更重要。选择自己熟悉的工作，是比较理性的。理由如下：

1. 30岁开始进入职场黄金期，这个时候经验丰富，为人处事得体，责任心强。如果转行，意味着从头开始，从你的条件来看转行没什么优势，风险大于机遇。另外，即使是熟悉的行业也有很多值得你挖掘和深度学习的东西，如果你把转行的学习劲头用到老本行上，我相信会更有价值，更成功。

2. 金融行业未必就是金山银山。虽然商学院的学生青睐选择金融行业，但未必金融行业就适合每个人。更何况这几年金融行业起伏很大，风光已经不在。

3. 你说老本行对你没有吸引力和挑战性，但是这正说明你对现在的工作有足够的把握和优势。人只有把自己的优势发挥到极致，才能取得成功。另外，你在老本行里做到尽善尽美了吗？完全没有突破和挑战了吗？立足于此，相信你未来会有更大的发展空间。

韩小江

奈瑞儿塑身美颜连锁股份有限公司财务总监

吴倩然说得很有道理。作为私募股权行业的从业者，我认为：新人进入这个行业不仅要敢于向同事请教最基础的问题，更需要一个愿意花时间培养你的领导。而且现在是私募股权洗牌的年代，随着私募股权退出渠道的堵塞，每一个私募股权公司对于风险控制的要求会越来越高，老板对每个项目都要仔细衡量投入产出比，对下属的工作也比以前更加挑剔。你有信心在这重重压力下冲出来吗？

易绚雯

深圳天源迪科投资管理部经理

无论如何选择，所有的岁月都有意义。我仅从自己的职业经历谈谈我对投资岗位的理解。

首先，要提醒你的是，做投资，大部分人都很难平衡工作和家人，我以前的工作就是朝九晚十二，虽然出差不多但经常通宵达旦。刚开始的几年，辛苦是必须的，因为你要积累和成长。但当你有了一定的积累之后，你可以选择东家，那时，你才有自由。

其次，在金融行业，更多拼的是人脉，这不是一朝一夕能积累起来的。当然，你自己的工作态度也很重要，在金融行业做，千万不能浮躁，这山望着那山高，风水轮流转，低谷也是机会，要沉下心来踏实做事。

最后，做这行的，越老越值钱。投资行业虽然辛苦，却不是吃青春饭的行当，我当初选择这行也是因为它可以干到老、学到老、玩到老——所以不要给自己设限，30 岁转行也可以的。只要你真的喜欢，真心服务好每一个客户，一切好说。

何风志

中信产业投资基金投资副总裁

我们换一个角度来看：

假如有人问你，我有两个职业选择，一个是做我熟悉的事情，一个是做我不熟悉的事情。你觉得我该选哪个？

恐怕没有人会觉得这是一个问题！选你熟悉的啊！

可是，一旦把不熟悉的这个行业，换成所谓的“私募股权、风险投资、金融、投行”之类的字眼，好像这就变成一个有“疑惑”的问题了。

太阳之下无新事。做你熟悉的事情，在任何时候都不过时。

当然，你可以说：

我就愿意做这个！

我就愿意迎接“挑战”！

我就愿意从零做起！

我就愿意为了“未来”而放弃现在的所有！

……

那就说明，你想清楚了。你就是想做“私募股权、投行、金融”

这些事情。你做这些事情，就是为了成就感，为了圆自己的梦，为了让别人觉得你牛，为了让自己觉得 MBA 没白读。

那去做就是了。

没有人会理解你的感受，没有人会了解这两个职业在你心中的地位、你的情结。

8. 选行业 vs. 选岗位

李文嬴 深圳市远致投资有限公司投资经理

小丁本科毕业后在包装行业的一家大型国有企业做管理工作。随着工作年限的增加，业务越来越熟练，加上关系良好的顶头上司有望升为集团总经理，小丁也将有机会得到提升。稳定的工作和收入，光明的职业前景，小丁似乎一帆风顺。

可是小丁却发现自己的工作积极性和激情在消退，开始不满足于目前的工作环境。他渴望能够在事业上取得突破，渴望进入一个虽有风险但高速发展的行业拼搏。他认为金融行业，尤其是投资岗位是自己可以为之终生奋斗的职业，非常希望能转行做金融。但小丁也知道这是一个专业门槛较高的领域，非专业人士进入的机会成本与时间成本会非常高。

小丁纠结了……不喜欢的行业，将有更好的岗位；喜欢的行业，要从零开始。已届三十的他还来得及吗？“患得患失”的而立之年是优先选行业还是优先选岗位？

韦志运

中国中信股份有限公司人事教育部副处长

小丁的这个问题有点虚，因为提供的信息不够详细。

我想问小丁几个问题：

1. 你看中金融行业里的哪几个细分行业？金融行业是有很多门类的，比如银行、证券、基金、保险、信托；再具体到个人，金融里面的职业也有前台、后台、中台之分。

2. 你为什么要进金融行业？是认为收入高还是觉得职业本身有挑战性？如果是后者，能否描述一下你对金融行业的理解，让我们判断一下你是否只是一时的冲动？

3. 假如你真的已经想通了，一门心思要进入金融行业，有一个门槛儿的问题。一是本科学历，二是相关的资格证书。你为进入这个行业做了多少准备？ CPA（注册会计师）、CFA（注册金融分析师）证书有吗？

吴晓志

我给小丁出的主意是——创造机会到金融行业里身体力行实践一段时间。

你说喜欢金融行业，那么先从在金融行业实习开始。实习是短期的，所消耗的经济成本、机会成本都是可控的。这种亲身经历可以让自己对金融行业的臆想切实落地：在现实环境里，亲身感受每天的工作内容，接触行业内的同人，真实操作自己喜欢（或者自以为喜欢）的工作。

这样一个阶段下来，小丁如果更坚定了非入这行不可的决心，那么没有二话，跳槽换行；如果最后发现现实和理想有差距，那么挥挥手不带走一片云彩。而这时，也许你会发现，其实自己原来的行业没有那么糟糕。

刘 涛

佳沃集团运营总监

2009年，30岁的我放弃了某著名IT公司亚太区财务中层管理职务，跳入某金融机构总部。当时，还有其他几家大型跨国IT企业可以提供同等中层财务职务给我，但抱着拓宽视野、提高专业性的想法，我选择了进入金融行业。几年过去了，接触了不少企业客户，操作了一些复杂金融交易，算是成长起来了，但其间的辛苦、委屈，却很难一一道来。

惠普中国前总裁孙振耀说过，在所谓的夕阳行业干到高层也是成功，朝阳行业的竞争过于激烈反而不好出头。我算深有体会。

但不管怎样，我是抱着对未来“不害怕”、对过去“不后悔”的态度往前走着。下一步我打算基于自身的财务金融背景，寻找机会从事资金管理或者投融资工作。希望我的经历对小丁有所帮助。

吴 军

请小丁问自己几个问题：

1. 你的专业背景是什么？

2. 你的工作圈子、朋友圈子大多是做什么的？

3. 你对想去的行业了解吗？想做什么？需要什么？

4. 你喜欢的真正原因是什么？

思考了上面的问题，请再看下面的话。

是否真正喜欢，确实是很难下结论的。不在这个行业里，就不知道这个行业的辛苦。如果去了，发现这样那样的问题，不再喜欢了，怎么办？还有机会回头吗？对岸总是最美的，可游过去了却发现，原先站的地方也是如此诱人。

坦白说，如果是 5 年前遇到小丁，我会毫不犹豫地建议他去试试。可现在，我也怀疑了：30 岁的时候考虑换行业，回头还有机会吗？

吴彦杰

路透资深软件工程师

不能苟同 30 岁就不能换行业。很多博士 30 岁才毕业，如果工作后发现不喜欢自己的专业，难道就一辈子困在这个专业？

30 岁跟 25 岁相比，优势不在于行业经验的积累（如果是博士，连行业实践经验都不具备），而是人生经验的积累。从这个角度来讲，只要自身具备学习和反思的能力，任何时候转换到任何行业都不会晚。

其实转不转行最关键的是要寻找自己内心真正想要的。如果只是为了逃避不喜欢的工作氛围，转行只能是空想，很可能你又跳进了另一个“火坑”。但如果知道什么是自己真正喜欢做的事情，那么只要做好心理准备，抱着最坏的打算做转变，转行成功的概率还是很大的。

荀　静

天津市永真眼镜有限公司人力资源副总经理

我没有高学历，又是女人，但34岁那年，凭着一股劲儿从著名国企跳入了外企，不经意间换了行业，一切从头开始。两年后，我从外企批发业务员角色又纵身跳入私企零售业，经过4年历练，于41岁时再度跳入本行业另一家公司。

我没有小丁的雄心，这一切的变化只源于自己性格中的不甘。回想34岁之后的从业经历，我不后悔，因为自己获得了成长。虽然没有高学历，但通过努力，我的职位不断晋升。相信我一个女子在41岁时都可以追求理想，而立之年的你应更有信心吧。

去吧！

余 跃

新东方集团英国高考 A-Level 项目创始人

我的职场身份改变遵从自己制定的“三个有利于”：

1. 有利于生产力的发展——我可以做更多的事情，让更多人获得好处。

2. 有利于个人生活水平的提高——收入上一定要有提升乃至飞跃。

3. 有利于个人核心竞争力的提升——通过职场变更，提高自己的境界。这点一般由两个因素决定：（1）你所接触人的综合素质，越高越好。（2）你所接触人的行业种类，越多越好。

只要满足这三点，我就愿意去改变职场方向。更准确地说，这三点指导我去改变职场的走向。小丁用“喜欢”还是“不喜欢”来决定走向，有些欠妥。

王志涛

北大 MBA，北大医疗健康管理中心副总经理

我在 30 岁选择跳槽的时候也考虑过很多。回头看走过的这 8 年道路，和你分享一下自己的感受。

有个好老板很重要，“跟对人”比行业和职位更重要。

不要太浮躁，先问问自己有没有做到最好，有没有努力，更多

的时候是社会选择你，不是你选择社会。想清楚自己能做什么，能给企业创造什么价值，自己是不是真的有竞争力。

如果是会计和人力资源这样的岗位，岗位重要，行业不重要；如果是销售、综合管理类的岗位，行业的重要性就多一些。

最重要的是：你自己想要什么？金钱，地位，还是舒适安逸的生活？

胡健强

股票投资经理

你是想做基金经理吗？是想进入券商、基金行业吗？如果是这样，我提一点建议。

1. 如果喜欢投资，可以尝试着找券商研究员、基金研究员的职位。等找到了，再考虑是否放弃现在的工作。在没有找到之前，不要辞职，安心做好本职工作。报国无门的话，空想没意义。

2. 如果找到了上述工作，说明你具备这个行业要求的硬件和软件条件。

3. 如果不是研究员的工作，而是人事、财务之类的通用岗位，那对于你而言，还是现有的工作好。

4. 基金经理通常要从买方研究员开始做，这一行门槛不低。找不到此类职位，也不要影响你的心情。你喜欢股票的话，可以自己投资。A股市场很多“牛散”，数亿资金，水平是基金经理不能比的。

建议看看基金经理的专业背景，看看金融行业招聘的投资岗位要求。如果下定决心要去，就有的放矢地准备吧。

我很同意前面几位的见解，不后悔，走下去。人往往是逼出来的。但从字里行间感觉小丁的准备太不充分了。

卫　弘

中信金属有限公司人力资源总监

职业是走出来的，不是规划出来的。许多事情不经历不知道。有了兴趣和方向，就要去追求。人生和职业就是一段历程，不要患得患失。50年以后大家都已退休，百年以后大家都已入土。所以，追求自己的内心，不要后悔！

贺永全

谷歌部门主管

而立之年跳槽，必须要三思，尤其对成了家的人而言。我和小丁的情况类似，刚到而立之年时，身在互联网行业，发展还不错，可一直想往金融行业跳，但屡屡碰壁。

后来静下心反思，为什么想往金融跳？自己有什么优势？最后终于明白，是因为浮躁的社会环境影响了我。我更多是被金融行业的高薪所迷惑，没有搞清楚自己到底喜欢金融哪里，只是人家说金融很好，钱很多，就趋之若鹜，人云亦云。

我现在更多地在考虑同行业内的类似金融的职位，因为可以利用之前的行业积累。希望小丁跳槽之前一定要给自己一个清晰的理由，才可以做出正确的决定。

Peter Yang

任职于国内某合资投行，主要从事国内企业 IPO 工作

对于这个话题，通过读 MBA 转到投行工作的我体会很深。

前几天和一个猎头聊天，我们认为金融行业从收入回报来讲确实是非常值得跳槽的，30 岁也并不是很晚。虽然进去需要从头做起，但金融行业，特别是投行，看的是业绩，有业绩提升会很快。

但是，职业和个性能否匹配非常重要。读书时的校友代表王开元师兄说有两种不同的人生追求，一种是树和山，一种是风和水；前者有根基，后者在流动。这两种追求在世间的作用是不同的，前者一般为实业，后者一般为金融。

转行到投行这两年，我确实像风一样四处奔波，服务不同的企业。有做影视、传媒这样的新兴行业；也有做沥青、煤矿这样的传统企业；还有做锂电池、生物这样的高科技企业；更有做电磁干扰装备的军工企业。所以，金融是为不同企业服务的，就像水滋润万物一样，并无自己的根基。我们的部门在金融街租的办公室常年只有行政和实习生在。因此，是否转行到金融要看自己选择什么样的人生。适合自己的才是最好的！

李华松

北大光华MBA，就职于华夏基金投资部

作为一个在30岁跳槽到金融行业的人，我同意王志涛的观点——关键还是跟对人。

首先，你应该了解清楚原单位和你要去的公司分别是跟谁，并比较你跟的这个人在公司的地位，与你的关系，竞争力如何，等等。

其次，考虑你的个人理想，是否真的特别想换工作，原工作有什么是你无法忍受的，新工作是否真的可以让你不顾一切地投入……

再有就是要考虑不同行业的成长路径。有些地方，如传统行业的国企，是需要熬的，熬出来收入地位自然就来了。金融行业是市场化的收入，你干出来了就有，干不出来就会差一些，节奏快，压力大，挺残酷的。

旁人的建议只能供你参考，等你跳槽后才能真正体会，才会知道自己是否真的喜欢。但不管跳与不跳，既来之则安之，不要瞻前顾后，要勇敢接受挑战，相信你一定可以成功。

雷 达

滋慧文化传播有限公司杭州分公司总经理

我有个疑问，小丁转行的真正原因是什么？如果真的是兴趣 vs. 老岗位，其实蛮简单。只要问自己一个问题：现阶段财富程度如何？

如果已经财务自由（有房、有车、有积蓄），那往前冲就好了。但如果还要为这些奋斗，就要谨慎斟酌了。30 岁转行的机会成本和时间成本确实很高，要更多考虑转行失败的代价。

我认为对一个成熟的职场人来说，转行能否成功与行业是不是你的兴趣关系不大，与个人的经验和经历关系很大。

本人亦是而立之年选择了创业（但没换行）。当初进入这个行业也没弄清楚是喜欢还是待遇的吸引，甚至可能是因为没有更好的选择。但一路走来，兢兢业业，越做越喜欢这个行业，目前也算取得了一些小成绩。

我想告诉小丁的是："干一行，爱一行"比"爱一行，干一行"更重要。

刘勇罡

亚泰地产吉林公司总经理

同是而立之年，我也有过类似的经历，在这里将我个人的职业发展轨迹与你分享。

我大学毕业后在某国有企业做总裁秘书、团委书记；一年后慕名进入中国一线地产上市公司任总经理办公室信息管理专员；工作一年半后，被征调至营销管理部任现场销售经理，在此岗位上多次获得嘉奖；三年后被调至此地产公司所属同品牌物业公司任项目经理，因常把营销推广的思路用于物业，得到业主认可，获得集团金质奖章。在此公司服务7年后，我进入另一上市地产公司任地区物业公司总经理、区域物业公司常务副总。而立之年，我又重新回归营销体系，任某上市地产公司副总经理，分管全国营销。

个人认为转行成功与否很难一概而论。行或不行，要结合个人特点、个人资源情况及思维模式、价值观等进行评估。从地产营销到物业再回地产营销岗位，本人认为有几点可供你参考：

1. 要考虑之前从事岗位与欲转至岗位是否有相似性或关联性。

如跨越过大，就要掂量一下随后付出的各方面成本是否在你的认可范围之内。

2. 在每个岗位工作一段时间后都会形成自己的固定资源，其中包含人脉、渠道、思维习惯、圈内（工作单位）既有的评价。这是时间积累才会形成的资源。你重新构建资源体系的能力如何？

3. 从管理岗位到专业岗位，对学习能力的要求相当高。如果兄台的学习和适应能力很强，而立之年做一个变化还来得及。

4. 搞清楚自己转行的原因，如果只是因为兴趣，是否能够久远？正常情况，每个岗位都可能产生兴趣点，但也均会产生疲劳，如完全因为兴趣转行，兴趣降低即重新选择，这样付出的成本未免过高。转行时问清自己是“想要”还是“一定要”。

5. 个人感觉在相近岗位进行复合，风险比跨越行业要低得多。从相近岗位复合中也很容易找到新的兴趣点。换岗位，不换行当，对于人的快速发展似乎更加有利。

最后，选择当然重要，但选择后的努力与坚持更重要！

刘晨光

在建行、金谷信托两家国企工作近 10 年

正如前面各位所说，努力确实很重要，但发展空间更重要。很

多人认为金融行业比其他行业收入高，其实只是基层员工的收入比其他行业高。如果到了公司高管级别，各行业的差距基本上就没那么大了。银行的高管和卡夫的高管、万科的高管来比收入，还真不太好说。

所以，一位本科生进入国有银行总行，年收入能达到十几万，如果进入了食品公司（比如卡夫）的基层或某地产公司的基层，收入很可能没这么高。几年以后，进入银行的这位同学，依然没有大的提升，收入可能还在十几万徘徊，但进地产公司的同学，比如刘勇罡，已经是刘总了啊。为什么？银行太安逸了，“温水煮青蛙”，让人逐渐变懒，失去斗志。并且银行总行等级制度太森严，难有大的发展空间。而刘总，既有自己的努力，又有机遇，当努力遇到机遇，必然辉煌迸发。

我觉得，选工作首先需要知道自己想要的是什么。比如，我知道自己不想过那种空中飞人、整天喝酒的日子；不想过那种每天需要半夜才能下班的日子，那么我就不会选择去某些投行。比如，有的人说我就想奋斗，挣钱，那么投行就是好的选择。

小丁的两难，是追求更大的成就与工作稳定之间的选择。有时候我很羡慕那些有梦想、敢于追求的人。他们没那么多顾虑，完全跟着自己的心走。但是像我们这种没有那么大冲劲的人来说，就得好好地规划。有家庭的人，要以家庭为单位做职业规划。最好是家里有一个人工作稳定，收入稳定，而另一个人到外面打拼，看有没有新的机会。打拼就可能失败，就像创业，有人会成为马云、马化腾、俞敏洪，但更多的人会成为破产的淘宝店主（蔡洪滨院长语录）。如果你已经有了积蓄，具备了一定的抗风险能力，可以去尝试打拼一下。有专长的人，即使一次跳槽失败了，也不代表永远失败。

黄铁鹰

北大光华管理学院教授，找同行网创始人

勇罡说得好，尽管你也是80后，也是独生子女，但你的职业轨迹，让任何地产公司都不会轻易放过你。你在万科磨了7年刀，做过地产行业最难的两个活儿——物业和销售；你在中海做同样的活儿，又磨了3年。

你是那种老板愿意花大价钱请的职业经理人。

为什么？因为你能手起刀落，把难事搞掂。无论选行业还是选职业，钱很重要，兴趣也很重要，但工作本身带来的自豪感更重要——你解决了别人解决不好的问题，得到客户、同事、老板、同行们的认可！

可是，要想做到有工作的自豪感，一个必要条件就是必须先熬成行内人。而要想成为行内人，只有像勇罡这样，十年磨一剑。

志涛说得也非常好，让我受益！我同意跟对老板比选对行业职位更重要；对人力资源和财务，职务比行业重要；对营销等业务工作，行业比职务重要。可是你最后的结论最难把捏——“关键是你要想清楚自己要什么？”仔细想想，你要的东西是那么清楚吗？

这个问题其实是选行业，还是选职业的难题。

管理，最难的东西是管人，而最难管的人是自己，尤其是对读了 MBA 的人！读了 MBA 的人，总觉得应该更上一层楼。因为自己“懂管理”了，最起码有了一个管理学位。于是，选择多了，便开始心猿意马。

任何管理者的成功，要有三个必要条件：勤奋，内行，机会！能把这三者都串起来的，就是一个字“熬”！

中国经营报社总编辑兼《商学院》、《职场》杂志社社长李佩玉曾经说过（大意）：如果认为我是成功的，那原因就是我比别人更能熬。从一个编辑、记者做到今天，我基本上做了《中国经营报》中的每一个职位，除了财务和技术，什么都干过。报社比我能干有才的人不少，但他们都走了，机会就给了一直在这里坚持下来的我。

所以绝大多数职场成功人士，不是最聪明的，而是最能熬的！

李文赢

深圳市远致投资有限公司投资经理

我就是小丁。非常感谢兄弟姐妹的真知灼见！

在有条件解决温饱的情况下，我总在问自己，是不是能从事自己感兴趣，并愿意为之奋斗一生的行业？想到金融行业在国内又是朝阳产业，内心深处总会有一些煎熬。

30 多岁的男人，为求发展，似乎可以折腾一番，从头冉来；但也可以再熬上一段，也许能更上一个层次，从此天高云淡。

其实，我的内心深处，无所谓必须选择哪一种路径。因为我深知哪条路都要付出机会成本。保守一点，熬；激进一点，换。换，需要“天时、地利、人和”。

目前，我想明白了，自己还不完全具备这些条件，那就在“熬”中做好准备。

9. 何谓“十年磨一剑”

侯　麟　自由咨询师

我有一个朋友小杨，今年30岁，家境不好。大学做学生会主席的时候，利用学生会的资源把社团商业化，出去接了不少活儿，不仅挣够了学费和生活费，还考了平面设计师，买了传呼机和手机（那个年代的奢侈品）。

小杨大学毕业后利用手头的资源和人脉，开了一家文化传播公司，专门做露展露演和开幕揭牌活动。从最初的皮包公司做到有一定固定资产，早早积累了创业经验。几年后，因为市场竞争等多方面的原因，他改行从事医药行业的销售工作。

小杨仅仅用了7个月就从销售员做到市场经理，然后被一家在纽交所上市的医药集团挖过去做了三个省的省经理。当时26岁的小杨成为该集团最年轻的省经理，把销售业绩从倒数第三做到了全公司第四。

可是，这家公司的窜货现象非常严重，小杨所管辖区域有40%都是窜货问题。销售窜货不计入销量，不仅没有市场费用，小杨还要贴钱做客情和打点。这一乱就是三年，公司始终没有拿出有效的管理方法。小杨干了几年没挣到多少钱，对公司的管理能力十分失望。

另外，这家公司还有一条不成文的规定：大区经理年龄必须40岁以上，并且要在公司服务至少15年才有资格。按照这个规定，小杨要想再提升一级还要等十多年。

此时，正好有一家医疗器械公司挖小杨去做市场和培训。这家公司能拿到手的工资比之前多，而且职务有明显提升。小杨有被重用的感觉，于是欣然接受。过去后又兼管公司的政府项目和招投标等相关事宜，并且在公司开设了迷你商学院，打开了很多新的销售渠道，尤其在招商和销售模式方面有了很多突破，领导非常器重。

可这家公司有很多元老，格局比较稳定。做到项目部部长和销售副总之后已无法再往上跨越，同时小杨负责的产品属于小产品，市场空间不大，发展前途不是十分明朗。

于是，小杨再次辞职，又去餐饮行业创业。但是因为资金和其他原因一直没有突破，加上行业竞争激烈，终告失败，只好重新找个好点儿的平台打工。无奈小杨是大专学历，这成为他找工作的第一道阻碍。而其他的能力又无法量化，这样高不成，低不就的，一直没有找到理想的平台。他很想找个有潜力的大平台沉下去，但是苦于遇不到重能力不重学历的领导，目前处境非常尴尬。

如果你是一个企业的老总，这样的人你敢委以重用吗？

李坚刚

华夏幸福城市发展集团农业事业部招商及营销中心总经理

小杨就是作者吧？你属于实战型人才，有可用之处。不过提几点个人建议，谨供参考。

从大学期间打工开始，一直到后来在餐饮行业创业，这中间的职业经历有不少亮点，绝对是一笔宝贵的财富。可是也能感受到一些浮躁的气息，或者说对短期利益更看重、缺乏长远眼光和规划。

你应该先静下心来，明确目标，然后脚踏实地地努力。如果认定要去大公司大平台历练，那就不要嫌起步位置低。是金子总会发光，只要能进去，凭着自身努力和过往的职场经验，还是很有机会上任的，所谓事在人为。

不管选了哪条路，都会遇到很多问题和困难，一定要坚持，不能像之前那样灵活过度，很快又去寻找新的机会。你说过往两家企业的问题或者规则限制了你的发展，但如果你能够解决或者局部解决这些问题，也许就会得到机会，至少老板会注意到你的努力——我相信公司的高层也是想解决这些问题的。同时，所有的规则，都是基于一定时期的实际情况，由人来制定的。但唯一不变的就是变化，搞企业一定如此。只要符合企业发展的长远利益，所有的规则都可以颠覆或者重构。

另外，我感觉你对学历非常在意。你可以通过后续的学习，包括在职的 MBA 教育，以及利用各种方式和机会自学、向他人学习，来提升自己。

总之，自身的心态非常重要，凡事向外求不如向内求，只有先改变自身，才能改变世界。

黄志方

深圳三思纵横科技股份有限公司董事长

这不是敢不敢用的问题，是有无必要、值不值得的问题。

小杨给我的感觉是：太想成功，太渴望金钱，太想快速攀登了，表面上看好像容不得一点点时光的浪费，其实转了几个圈可能真不如一步一个脚印的人成长得更快。

但要想改变太难，这些已经成为他骨子里的东西了。

我在刚刚创业的前十年，很不明白申请银行贷款为什么那么难？我们每天在银行账上放着上千万的现金，每年从银行走的流水有几个亿，为什么去和银行洽谈贷款却那么麻烦？

后来我才明白，对银行而言，贷款10个亿和1 000万是一样的作业程序，但是银行的利润可是差了100倍，国有银行根本不愁没生意上门，大把以亿为单位的贷款生意都处理不过来，哪里有空和你一个民营企业洽谈1 000万的生意？更何况，民营企业总是不那么靠谱，如果出了点事，银行还要承担责任。因此，对银行而言，不是敢不敢贷的问题，而是有无必要、值不值得的问题。

小杨也一样，我们有无必要、值不值得花那么大的功夫改变他的思想、改变他的心态？

事可为而不为谓之懦夫，事不可为而强为谓之蠢夫。

天底下最难的事情恐怕就是改变别人的思想了。

张 捷

回归到工程师

人最难懂的就是自己。

所以给自己选定一条路并没有那么容易。我们大多是在前行的过程中不断发现，不断总结，不断调整。大多数人不知道自己要什么，或者说要做什么。

在这样一个时代，目标就是金钱。我们所谓的梦想，都是建立在金钱的基础上的。结婚、买房，各项花销……不向钱看齐，就只能啃老。

所以，大家都是在“向钱看齐”的道路上往前走。只有到一定程度，发现自己没那么缺钱了，梦想才会慢慢浮现出来，才有可能去做想做、该做的事情。

这是这个时代的浮躁。

再回过头来说小杨。总结是需要的，分析是需要的，思考是需要的，但是前进绝不能停。

太多的事情，没法等到你都想清楚了再去做。只能边走边想，边想边做，边做边改。脚踏实地，也是一个由浮躁到稳定的过程。只是，不要太轻易地改变方向。毕竟改变涉及太多的迁移成本，意味着你将丢弃之前的积累。而年轻的时候，积累是很重要的。

所以，不到万不得已，不要大变。慢慢调整心态，接受现状，直面现状，改变现状。

李　旭

从事物联网及移动互联网工作，曾深度参与高科技企业上市工作

我与小杨同龄，也曾因为不同的原因试图换工作，但是7年只换了一次，原因是什么？每当要换工作时，我都会问自己几个问题：1. 是因为不能胜任而换工作，还是因为环境不理想而换工作？ 2. 在现在的岗位上，自己是否已经做到最好？ 3. 新工作能带给自己什么，是更高的薪酬、更大的空间，还是更愉悦的人际关系？

换工作时，人一般都会本能地从客观环境找原因：比如公司前景、现状、人力……任何公司都必然存在问题，只要你身处其中，一定可以找到这样那样的不满意。可是，自己身上没有任何问题吗？看到客观的问题容易，认识自己的问题很难。

更何况，“坏”的公司未必不能带给员工好的发展，这是我的切身体会。很多时候，公司由于不可抗力走下坡路时，个人反而有可能得到重用，有更多的机会参与决策，或者有更大的空间谋求对公司的改进。所以，即使公司前景不太好，也不能成为个人离开的必要条件。我们应该关注的是，自己是否在这个岗位上做到了最好，充分挖掘了这个岗位能带给自己的所有。

黄铁鹰

北大光华管理学院教授，找同行网创始人

恕我直言，这样的人我不敢重用。

你回头看看，从22岁大学毕业到30岁，你做了多少行业?!文化传播、卖药、卖设备、培训……因此，我断定你对每个行业都了解不深。十年磨一剑！你还是块粗钢，我怎么重用你?

不仅如此，你所描述的换工作的原因都是客观的：行业竞争激烈、平台小、年龄限制、学历差……

有没有自己的原因?

一个没有反省的人，你敢重用吗?!

坚刚说得好：你的实际商业训练很好，那么早就能养活自己。这本来是优势，但你没有把它在一个行业或一个公司沉淀下来，让自己变成不可替代的人。显然，你缺乏的是坚持。

从你的经历可以看出，你很聪明，也很有决断力。可惜，你只是个短跑运动员！职场和商场需要的都是中长跑选手。

怎么办?

如果我是你，我会告诉自己，我下一个工作必须坚持 10 年，至少 8 年。

什么叫坚持？就是老板天天骂我，给我比别人少一半的工资，我也要做下去！

如果你能做到，我敢保证，40 岁时，你一定得到重用！

第三章

跳槽后的“新世界”

10. 与新上级的磨合为何这么难?

吴晓志

小王最近刚换工作，新东家爱博公司开出的薪水比之前涨了一倍，小王也看好在爱博公司的发展——他已经在高级咨询顾问的职位上干了三年，是时候换一片更广阔的天地了。

入职后，小王被分到燃机公司项目组。燃机与爱博合作多年，项目经理梁斌很早就在这个项目组服务，对燃机公司的内部流程、各层关系一清二楚。小王很庆幸被分到梁斌的手下。

初来乍到，小王一边谨慎观察、熟悉环境，一边暗暗鼓劲、认真工作。他很快发现，周围同事都称呼梁斌为老大，对梁斌的态度毕恭毕敬。不仅如此，他还经常看到有同事被叫进梁斌的办公室训话，出来的时候脸色都很不好，有的实习生甚至红着眼睛。小王不由心里一紧，“看来这个老板要求很高”。

没过多久，梁斌指派了一个任务给小王。没有具体需求，只是说客户科信部的章处要一份数据仓库设计报告，能达到客户要求即可。小王心想表现的机会来了，争取能同梁斌多沟通几次，一方面借机多了解其领导风格，另一方面也能多理解客户方要求。

可梁斌一直都忙于各种电话和会议，好不容易逮着一次人，含糊两句高屋建瓴的话就把小王打发走了。小王犯嘀咕了：梁斌这是考验我呢，还是他也不熟悉业务？

向客户汇报的那天，章处并不十分满意，他认为小王没有完全理解他们之前提出的构想和需求，希望小王能再做一次深入的调研。这时，小王才得知，原来这份报告是章处为管理层年终汇报而准备的。

梁斌不由分说地把小王训斥了一番，抱怨小王让自己在客户面前很没面子，对小王的工作能力表示失望，并强调自己为小王提供了多方支持却没有得到满意的结果。小王感到非常委屈，没争辩什么就退了出来。

这时，在这个项目上做了多年的同事张新告诉小王，月底他就要离职了。张新嘱咐小王：梁斌业务上并不专业又有些刚愎自用，以后要多加防范小心。小王沉思起来，张新的离职不排除有和梁斌合作不愉快的因素，但他的话有一定道理。面对全新的工作环境，没给脾气不好、高高在上的顶头上司留下良好的第一印象，看来接下来的工作开展不会一帆风顺。

在这种状况下，刚跳槽的小王应该如何谋求出路？是小心翼翼静待转机？还是越级请求支援？他又如何处理好与梁斌的工作关系呢？

刘文玉

北京中仪大珩科技有限公司总经理

1. 初来乍到请别把心思用在观察同事、揣测上司上面。

2. 新人要想在公司很快站稳脚跟，先要接受新环境，认真做好本职工作。

3. 上司给了你展示工作能力的机会，但你一直只想与上司沟通，直到最后都没有弄明白客户的真实需求！显然你做事的思路、方法有问题。

冯　莉

的确，看脸色揣测领导意图非常累，更重要的是严重影响工作成果。其实，任何一家公司，业绩好才是硬道理。

我曾换过一家新公司，人际关系非常复杂，很快遭到暗算。可一年后，我的业绩全公司第一，以前欺负我的人都转而对我非常客气。企业文化是很特别的东西，靠员工个人是无法改变的。如果你不喜欢这种环境，那就抓紧时间重新选择，再好的树苗也要有好的土壤才能成材。

徐　放

创办多家通信服务企业，旗下宽畅通信是北京最大的交通信息服务提供商

我参加过一个营销培训，组织者发给大家五颜六色、不同形状

的纸片，要求是拼出最好看的图案。大家拿到后纷纷按照自己的构想拼图。最后只有一位同学过关了，因为他不断地询问组织者喜欢什么颜色，喜欢什么形状，还有什么特殊的需求。这次培训给我的印象很深：客户的需求才是第一位的！只有充分了解客户的需要，才能做出客户满意的产品。

小王提到梁斌一直都忙于各种电话和会议，好不容易逮着一次人，含糊两句高屋建瓴的话就又把他打发走了，显然这只是小王单方面的看法。小王认为梁斌说得“含糊”、“高屋建瓴”，说不定梁斌还认为已经说得“深入浅出”、“一针见血”了呢。

对于这次失败的沟通，我没看到小王采取任何进一步的措施：既没有向梁斌申请与客户当面交流，做好材料后也没有请梁斌审阅，便直接按照自己的想法讲演。这些显然都是小王的问题，受到批评也是情理之中的事。

支持刘文玉说的：在一个新的环境中，先别想得太复杂，认真做好自己的事情。遇到阻力和困难，自己想办法解决才是正路。

林成彬

原中粮我买网华南区筹备组组长

1. 对于客户需求，如果小王有不清楚的地方，又不方便和客户直接见面，可以邮件梁斌、转发章处，阐述你的逻辑并询问你的理解对不对。

因为章处是本项目的最后评判人，你转发给他是没有任何问题的，不存在重复确认和越级的问题。

2. 不是梁斌不懂行，而是小王的脸皮太薄。孔子都说不耻下问，何况新人呢。

储卫红

银行中层干部，从事银行工作已有 30 多年

初来乍到，本着低调的工作态度，多做事少说话，接到任务首先明确任务的关键所在。“客户科信部的章处要一份数据仓库设计报告，能达到客户要求即可。”那么，你首先必须搞清客户需求，才能开展工作。

梁斌经理忙很正常，你可以通过其他途径和他沟通，或者本着请教的口吻，直接和章处沟通。比如可以和章处说：“数据仓库设计报告的工作任务梁斌经理交给我做，为了更好地完成此项任务，我想向您请教一些需求方面的细节。”这样的态度，章处一定会对你另眼看待。他会觉得你这个人办事认真负责，虚心好学，会耐心将每一个细节向你交代清楚。弄清客户需求的每一个细节后再开展工作，

才会事半功倍。

不管企业氛围和文化如何，只要自己干得出色，同事甚至领导也会佩服你的。工作中出现问题首先从自身找原因，领导批评你说明自己干得有缺陷，这么想就没什么委屈了。没做太多争辩退了出来，说明你很有涵养，做得对！

可以看出梁斌经理是个办事追求完美、性格豪爽、坦诚直率、有啥说啥的人。他既然干了多年，业务不会太差。你不要过多考虑其他原因和别人的看法，和梁斌合作愉快与否取决于自己。领导不会为了适应你来改变自己性格的，下属要去适应领导，要根据不同领导的性格及工作特点，采取不同的相处方式和工作方法。

穆　阳

给小王两点建议：

1. 小王在做这项工作任务的时候没有体现出“高级顾问”的水平。应先以正式的客户需求沟通确认单的形式，把客户的需求明确。在向客户展示之前还要有一个内部试讲会，请部分经理与相关人员参加会审，以集体决策的形式提出改进意见。

2. 既然之前很看好这家企业，就应该继续坚持下去。虽然你十分不认可直线经理的领导风格，但这也是一种“经历”。人在职场，什么样的人都会遇到，不要过分期望下一次会遇到更好的。当你突破了，会发现原来这也是一种机遇。

何杰华

三亚半山半岛物业公司总助兼人资总监

我是做人力资源管理工作的，身边总有人不停地抱怨，领导难伺候，公司不人性，同事难相处，甚至直言：这头儿专业能力太差、这人三观有问题，等等。其实，这是因为潜意识里人们总是不能或不愿找自己的问题，总是很难准确定位自己的角色和功能。

小王首先得认清角色和功能问题：专业岗（小王）和管理岗（梁斌）。专业岗与管理岗的区别在于：

1. 管理岗更需要一些霸气和魄力。敢于指出并批评下属的错误，同时帮助其改进，这是管理岗绩效激励的功能之一。

2. 专业岗，需要更为专业的业务知识和技能；管理岗更需要管理能力。你的领导没你专业，这并不是笑话。

3. 梁斌将业务委派给小王负责，小王就必须对所接任务的相关信息进行梳理。哪些信息是已提供无须核准的、哪些信息是已提供还需再核准的，还缺少哪些信息、缺少的信息要如何获得，等等。

我认为小王本身的问题较为严重。建议：认清角色，知道哪些该做，哪些绝不能做；换位思考，多去发现别人的亮点；自我思考，不偏听偏信。

现在怎么办？事分轻重缓急：

1. 马上与章处就本次业务做深度沟通，诚恳道歉，争取支持。

2. 案子结束后，整理本次业务处理心得，向梁斌汇报。

宋锦添

某广告公司总经理，创业十余年

除了上面几位说的，我还有如下的看法：

1. 天下没有白吃的午餐，高薪没有那么好拿的。因此，年轻跳槽要慎重，看准位置再跳。

2. 在原公司是高级咨询顾问，但新公司的岗位不同，工作方法等要及时调整。

3. 不要偏听偏信。要辞职的人，一般不可能说领导的好话。小王无非是下意识地为自己工作失利找到了借口和论据。

我们是一家设计公司。公司有一个设计师，水平很高，手还快，客户刚和他讲需求，他就说“明白了”，结果，设计方案改了一次又一次，改得自己都想吐。而我们另一个设计师，水平比他差很多，嘴也笨，性格也慢。可是，他先听客户说完，然后一句一句再去验证，有的客户不懂行，描述得不清楚，他还会引导客户，把需求讲具体。因此，他经常是设计完了简单修改，客户就通过了方案。

小王的工作也是如此，即使专业知识再强，方向搞错了，一切都是徒劳。

很多新人遇上麻烦都是因为“沟通”、“人际关系”问题，导致才能发挥不出来或得不到别人的认可、协助。

为什么会这样？因为，世界上没有相同的企业，也没有相同的人。跳槽必须有再学习的能力和毅力。除此以外，还要具有真诚、热情、团结、肯吃亏、爱承担等品质，这些都是发展良好人际关系的基础。

11. 期望与现实的落差

小　七

我 28 岁，原来在一家招商引资公司，薪水较高，工作氛围很好，极少加班。可是自己觉得能力没有太多提升，而且外资撤离中国，招商行业前景不被看好，于是我考取了在职金融学研究生，跳槽去了一家新成立的金融公司总部工作，薪水比之前稍高。

可没想到的是新工作天天加班，每天都要到晚上 10 点，周末也不休息，而且工作内容枯燥，就是准备 PPT 和起草各类文件。这份工作严重影响了我的身体和生活，经常生病跑医院不说，学业也很难顺利完成。

我心里很失落，后悔之余想回到原来的公司，但又怕被同事嘲笑，被领导看不起，十分纠结。我该怎么办?

陈 涛

电力设计企业项目管理人员

以下几种方案，仅供参考：

1. 继续在金融公司工作，找机会向领导说明下身体和学习状况，看看是否可以内部轮岗。

2. 与原公司领导商榷，将自己返回公司的意愿提出来，请其考虑。

3. 骑驴找马，再换一家。

小 七

和领导谈过了，没有换部门的可能，最多在投资部轮岗，还是一样的加班。领导说在金融行业混，就是非常辛苦，要有个好心态。

我离开原单位不是因为待遇和工作氛围问题，而是觉得招商引资属于夕阳行业，担心以后发展不好。可是在现在的公司不仅学不到东西，还把自己累病了。我真心想回原单位，该怎么和原领导谈呢？

石 雷

国学智慧与现代管理实践者

这要看原公司的规定，有没有先例可循，以及你回去之后干什么。建议如下：

1. 有些公司规定员工离开之后一段时期之内不允许回来，以此控制流失率。也有一些公司对此没有严格限定，这跟行业、岗位、企业文化等等都有关联。所以，你首先要弄清原公司的规定。

2. 如有回去的可能，再看看有没有先例。这种情况多不多？都在哪些岗位？回来后又怎样？我们公司离职一两年内再回来的中高层管理者就不少，老板对于回归的人也没有偏见。

3. 回去不是关键，关键是怎么回去。我们公司很多中高管离职再回来，反而多数都升职加薪了。当然，也有回去后薪资和之前持平的，但因为对公司了解，协作程度很高，上手很快，干得也不错！所以，如果职位、待遇跟离职前没有太大变化的话，可以考虑回去。毕竟工作除了挣钱之外，也要干得开心、顺心、欢心啊！

黄铁鹰

北大光华管理学院教授，找同行网创始人

这事没那么复杂。好马不吃回头草，那是因为不饿，饿了别说回头草，树皮都吃。

你很年轻，事业道路也很顺利，所以这山看那山高；出去转了一圈，成熟了，才知道第一个公司最好。

老板都是过来人，喜欢用吃过苦头的人。回去跟老板实话实说，老板会理解。同时，要告诫自己，也向老板表决心：如果让我回来，无论如何也要干满 5 年才考虑转岗。

如果人家还不要你，你再到别的地方吃草。

迷 茫

小七的经历简直和我一模一样！

我在前公司做了 5 年，同事关系一直不错，但领导总爱挑我的毛病，让我做一些杂活儿。我感觉没有太大发展，就想着跳槽多赚点钱或者多学点东西。

但是当签完 offer 并发了辞职信之后，领导没有一点挽留的意思，我那时就有点后悔了，但没有现在这么强烈，仍然把希望寄托在新公司上。

到了新公司一周后，我就发现跟自己想的完全不一样。新公司领导安排的活儿更多更杂，而且自己从来没做过，也不知道该怎么做。和新同事也没有共同语言了。这时候才知道自己没本事，才知道自己以前是多么不思进取。

工作的改变也改变了自己的生活和作息时间，新公司没有前公司那么容易请假了……

一切的一切都让我看清了自己犯的错。原来之前的埋怨、之前的不爽，都有解决方法，只是后悔已经来不及了。

我现在特别怀念以前的工作环境和同事，我想弥补，想证明自己，想重新来过。可是已经回不去了……

黄志方

深圳三思纵横科技有限公司董事长

冲动是魔鬼。

冲动是代价。

说起来好轻松，东家不打打西家，事实上却根本不是那么回事。

有些人认为在哪儿打工都一样，用他们的话讲：“天下乌鸦一般黑。”其实，碰到一个好公司、一个好老板着实不容易。

老板整天面对的就是这些来来去去的员工。

宋锦添

某广告公司总经理，创业十余年

年轻，不悔。

当下拥有的是最好的。到了新公司你知道了自己以前的不思进取，才会令你有所改变；工作内容比以前又多又杂，你正好学习和掌握更多的技能和经验；同事没有共同语言了，你会在新环境中慢慢建立起新的同事关系；没那么容易请假了，正好帮助你约束自己；这么冲动决定一件事，让你学会沉着……

“你若为失去太阳而哭泣，那你也将错过群星。”——何况它不是太阳，你的太阳每天都在自己的头上升起。

不悔，是让你更爱今天的一种积极思维，这种思维会令人一生受益。

黄志方

深圳三思纵横科技有限公司董事长

我曾当着人事部经理和秘书的面，把刚刚提出辞职的网管叫来谈话。

我说：

听说你提出了辞职，并且提交了书面报告。我有几点意见。

1. 如果你是因为近期任务繁重、工作较忙、加班较多而提出辞职，我无话可讲。任何一个公司在搬到新的厂房期间，网管肯定是要忙一段时间的，但这绝对是阶段性的。如果只是因为这一点点工作繁忙，你就承受不了而提出辞职，那就辞吧。

2. 如果你是因为近期多头管理、交叉管理或管理混乱出现问题，你觉得接受不了而提出辞职，我同样无话可讲。搬家期间，难免会出现我及其他老总直接指挥的情况，管理混乱是必然的。

3. 即使你明天离职，今天下午的工作仍然要按时完成。如果有人向你反映网络不通或者通信存在故障，你要及时处理。如果你不想处理，你必须及时报告经理，他会安排别人处理。但你不能认为自己要辞工，这些事就不管了，这是没有职业道德和素养的表现，我不希望再听到类似的反映。

4. 你必须在走之前提交完整的网络布线图，包括各个层级、各个节点。如果这个网络布线图交不出来，后面的人如何接手？今后的维护如何进行？这一点你必须明白。

5. 你来公司的时候是我亲自面谈过的，当时你传递给我的信息是有雄心壮志，很有做事的能力，现在仅仅过了两个月你就表现出这样的态度，我无话可讲。

6. 最后，我想说明的是：在你提出辞职后，人事部经理和你谈过话了，但是你没有给我明确的结果。明天中午之前，你要给我一个回复：走或留？我不想听含含糊糊的意见，必须是清晰准确的。这是对你负责，也是对公司负责。明确要走，公司会尽快招人接替你，招人越快，你走得也越快；如果决定留下，你也痛快点，这样公司也好安排工作。

谈话过后，我收到网管的邮件，他决定不走了。

石 雷

国学智慧与现代管理实践者

1. 曾经遇到一位新领导，我和他工作起来很不对付，也想换工作。但是，我的一位朋友跟我说："不要为了选择而选择。工作跟婚姻一样，需要磨合，如果偶有不满就换工作，不从自己的职业生涯规划考虑，你会发现，越换越糟糕。"因为这句话，我一直坚持了下来，最终守得云开见晴天。

2. 难能可贵的是，你通过这次跳槽认识到自己的不足，这是因祸得福！

3. 最后，你要多谢谢黄志方，如此开诚布公地讲自己的故事来教育你，相信对你的职业生涯有很好的帮助。我读后很感动，如果早几年看到，也许有些苦就不用吃了。所以，真是羡慕你啊！

迷　茫

“不悔，是让你更爱今天的一种积极思维，这种思维会令人一生受益。”

谢谢宋姐！我记住这句话了。

谢谢大家的分享和故事，给了我很多启发。我想明白了之前5年是自己不够努力，没学到东西，也不懂为人处世。我要学着对自己负责，对公司负责。这次跳槽的代价，也让我学会对自己的所作所为负责。再次感谢！

12. 新挑战的诱惑

张志凯　北京大学光华管理学院2003级本科学生

张山今年30岁，毕业于国内某名牌大学，先后在两家知名咨询公司任职，负责过人力资源、财务、金融等多种类型的咨询项目，知识面很广。工作近四年后，跳槽至国内大型通信设备宏图公司投资部。经过两年多的奋斗，成为团队负责人，独立带团队投资了不少成功项目。

张山是个做事很有计划很勤奋的人，喜欢接受挑战和尝试新事物。在工作之余，他通过了注册金融分析师资格认证考试和国内司法考试，并且取得了香港某名校金融硕士学位，他已然成为一名具备金融和法律知识的复合型人才。

今年年初，张山通过朋友认识了与他同一所高中毕业的李适。李适40多岁，已加入美国籍，在美国拥有一家上市公司。该公司在中国和其他国家都有子公司，业绩不错，但股价一般。李适正准备在国内扩张业务，他看上了张山的经历和背景，希望将他招致麾下。经过多次接触和谈判，李适向张山表达了他的扩张想法：争取在三年内运作美国公司退市，同时扩张中国公司的业务规模，并在中国实现上市。李适承诺以其香港公司的名义雇用张山，并派驻到中国公司任投资总监，负责一切投资事宜及上市准备，同时参与美国退市工作，年薪80万元人民币，奖金40万元人民币。

此时，张山在宏图公司已经崭露头角，很得领导赏识，其收入远不止120万元人民币。不过张山认为宏图公司体系完善规模庞大，想取得更大的发展，肯定会遇到天花板。鉴于李适提供的工作很有挑战性，喜欢挑战的张山决定放弃宏图公司的高待遇投奔李适。

张山是个干劲十足的人，适应能力也不错，他满怀希望试图大展拳脚。可是三个月过去了，问题渐渐出现。

1. 公司员工不多，却有很多李适的关系户，在张山看来工作能力非常一般，经常互相推诿扯皮，不做实事。

2. 李适的管理方式很随意，想一出是一出，而且经常责骂下属。

3. 当初的承诺没有兑现。入职以来一直未签订工作合同，也未领一分薪酬。

张山入职三个月，号称投资总监，却是光杆司令，李适虽口头上请他负责投资事宜，却总是让他做杂七杂八的事情，工作内容就像是李适的秘书，这与当初的约定有很大出入。不甘心的张山深入研究了公司的财务结构，提出了很多改善财务结构、扩大投资的建议，可是没有一项被李适采纳，使张山无所适从。不仅如此，等到第四个月，李适找张山重新开谈，竟然要求降低张山的薪酬水平，理由是张山这三个月来并未做出任何实质性的改变，他怀疑张山的能力。

其实张山最在意的不是薪酬，他能从宏图公司降薪跳槽，现在再降一些也可以接受。关键是张山开始怀疑李适是否真有美国退市、国内上市的意愿——这才是张山投奔李适的核心要素。另外，李适不守信用，当初承诺的工作内容、工作团队、薪酬水平，无一实现，反过来还质疑他的能力，这样的人还能信任吗？张山应该怎么应对呢？

林成彬

原中粮我买网华南区筹备组组长

仔细想想，就知道这事不靠谱，老板对张山的承诺存在很多漏洞：

漏洞1：“李适向张山表达了他的扩张想法：争取在三年内运作美国公司退市，同时扩张中国公司的业务规模，并在中国实现上市。”

请问，三年内完成先退后上，这可能吗？

漏洞2：“负责一切投资事宜及国内上市准备，并参与美国退市工作。”

负责一切投资事宜？正常的老板一上来是不会给你这种权利的，三个月的事实证明，他也不可能给你这个权力。权力都是老板根据你的工作表现，一点点挤给你的；或者你根据自己的工作表现，一点点要来的。

如果我是张山，我会毫不犹豫地选择离开，因为这个事情纯属忽悠。

这种事情怎么会发生在一个懂财务做财务的，本应非常严谨的人身上呢？

我认为一定是负责一切投资事宜和上市计划对张山的诱惑太大了，或者说张山一直以来太顺，以至于没有提前发现诸多漏洞。

我又想：如果发生在我身上，我能避免这种失误吗？

答案也许就在黄铁鹰老师经常说的那句话里——自己烧过手才知道火是烫的。

黄 欣

北京荣达利业投资咨询有限公司执行总经理

我也劝张山离开。但先不要轻易怀疑老板的良心有问题，我认为是双方对工作的认识不一致，导致老板怀疑张山的价值。

当老板的，最敏感的就是“你能给我赚多少钱”。传统行业的经理人能立刻给公司的现金流带来明显改观，而许多咨询、金融行业的经理人贡献更多的是智慧和方法，不能立竿见影地见到收益。另外，李适觉着张山没干出什么成绩，可能还有以下原因：

1. 一开始老板对张山的计划和想法感觉很新鲜，可能是他没见过这些“神秘方法”，故而充满期待。可时间久了，见识多了，老板也会审美疲劳，觉着不就这么几板斧吗？

2. 张山没有怨言地干着秘书的活儿，这很危险。表面看是任劳任怨支持老板的工作，但老板会觉着你没有决断力。对高级别的经理人，老板在内心有两种希望：一来希望你尽快为公司创造利润，二来希望你能充实他的大脑。在工作上你认为对的，就应该和他争论，不要嘴软。争的时候要充分体现你作为这方面专家的范儿，坚持自己的立场，否则要你来干吗？尽管争论看似冒犯，但老板想通后，一定会给他留下深刻印象，他会觉着花钱请你是值得的！

钟 荔

找同行网主编，找同行网创始人

张山的开端太不职业了，也许正因为此，让老板对你画了问号。随后的种种安排，也许正是对你的考验和试探，而磨不开面子的张山，不会拒绝的张山，恰恰没有通过这个考验。

虽然张山的专业能力很强，但职场情商太低了。之前居然没有跌过跟头，真是太幸运了！同意黄欣的观点“先不要轻易怀疑老板的良心有问题”，事情或许还有回旋的余地。去找李适谈，谈你的抱负、你的要求、你的规划，要权力、要人手、要资源。向李适说

“不”，你们既是合作也是博弈，一个能撑起一摊事业的人必须是有思想、有决断的，展示你的专业性和职业化，让李适刮目相看。也许，会有一个新的开始。

黄志方

北京三思纵横科技股份有限公司董事长

我赞同林成彬和黄欣的观点。

张山做事显然太不严谨，怎么可能在没发工资的情况下连续工作三四个月呢？这完全不是成熟职业经理人的做法，怪不得老板产生怀疑。

如果说双方在合作之前有些问题不好扯开面子谈，那么第一个月发工资的时候就应该马上找老板沟通。另外，张山跳槽过来的时候，竟然连合同都没签，自己要干什么都没有明确，也太成问题了！

赶快撤退吧！

黄铁鹰

北大光华管理学院教授，找同行网创始人

事违常理就是妖。名牌大学毕业，咨询干了四年，注册金融分析师考了，律师资格也拿下，为什么还会犯如此低级的错误？林成彬指出的两个漏洞可谓刀刀见血。这背后一定有原因！是不是诱惑太大？我看过很多小学毕业的把大学生和研究生都给涮了。原因就一个——想一口吃个胖子。贪婪是人的本性。

没关系，人在江湖飘，难免遇到各种各样的恶心事。吃一堑，长一智，以后就能更好地把握自己了。

13. “报恩”的跳槽结果

韦志运　中国中信股份有限公司人事教育部副处长

戴维39岁时，已经是一家世界500百强在华企业的北方区高级销售经理，直接向中国大区的副总裁汇报。他在这个行业干了十几年，手下有几个得力干将，生意也做得风生水起。公司内风传，戴维的老板很快要卸甲归田，戴维上位指日可待。

就在这紧要关头，王敬却冒了出来。王敬是戴维的前老板，一手把戴维从一个普通的销售慢慢培养到现在这个位置，可谓戴维的伯乐。前几年，王敬突然辞职，改行到各大培训机构做讲师，授课对象是各大企业以及院校的EMBA（高级工商管理硕士），当然，讲课费也不菲。

王敬在讲课期间认识了一家在行业内做得风生水起的民营企业——三能的董事长姜总。两人一见如故，姜总邀请王敬做三能的CEO，立志3到5年后上市。王敬踌躇满志之时，想起了昔日的爱将戴维，如果他能过来辅佐，负责三能公司的销售、市场和产品研发，凭着他十几年的行业经验和高超的销售技巧，一定能让公司的业务更上一层楼。

一个是昔日的职场老将，一个是行业内资深的销售专家，运营一家看上去很有前途的行业后起之秀，一切看起来都很美。

戴维重感情，讲义气，善于跟人打交道，在公司和客户那里都有很好的口碑，而且有几个“称兄道弟”的属下。他第一时间就和几个属下交换意见，在征得他们“一起出山”的意向之后，怀着“报恩”的心态，接受了王敬的邀请。戴维跟王敬谈好了几个人的职位和薪酬待遇，并约好某日集体请辞。

戴维递交了辞职书，虽然公司极力挽留，但他去意已决，公司也只得同意。

可是，就在戴维收拾个人物品准备离去时，原定一起辞职的下属之一安达打来电话，说改变主意了，不看好三能公司的前景，非常遗憾不能一起打拼了。

出师之际就遭遇“背叛”，戴维心里打起了鼓，但木已成舟，也只得硬着头皮，与其余三位部将毅然上路。

戴维走马上任后仅一个月，心情就跌至谷底。

三能公司的现状比他预想中最坏的情况还要坏。不但没有核心竞争力，货源还被一家上游的供应商掐着；公司内部管理混乱，完全不能与规范的外企同日而语。三能有着极强的家族企业特征：不懂财务的老板娘死死地掌控着公司财物大权，公司甚至没有一份完整的财务报表；人力、财务、研发的员工素质远远达不到公司发展的要求，每天都有人辞职；公司的新产品也存在致命缺陷，返修退货率居高不下，客户频频投诉。

而且，戴维发现，王敬似乎只是一个纸上谈兵的CEO，并不懂得如何运营这样一家千疮百孔的民营企业，总喜欢搞一些外企常有的把戏，员工十分抵触。更为要命的是，公司的现金流也出了问题，无法继续从银行贷款，资金链十分紧张……没有比这更坏的情形了。

戴维真想一走了之，可是如果这样转身而去，他在这个行业辛辛苦苦积攒下来的名声也将消失殆尽。

他还是坚持了下来。不但如此，他还将自己仅有的几百万积蓄也拿了出来，决心帮公司渡过难关。招兵买马，培训员工，积极开发新产品，安抚客户……

但是，更为沉重的打击随之而至，王敬辞职了，瞬间将戴维逼到了绝境。

姜总只能倚靠戴维了。他与戴维约法三章：1. 戴维接任 CEO，全面负责公司业务；2. 不再让姜夫人担任财务总监；3. 如果公司能够渡过难关成功上市，将给戴维 30% 的股份。

戴维稍稍安定了下来。可是，问题接踵而至。

戴维与姜总的经营理念有重大冲突。姜总是技术出身，管理方面是二把刀，还经常不懂装懂，一个点子一个点子地往外冒，让公司上下忙得一团糟。戴维只能更加强硬地与姜总摊牌：如果姜总继续插手，他就辞职。姜总只好妥协。

从此，戴维就成了三能公司的全能战士：亲自招人，亲自跑销售，亲自掌管财务签字权，而且力主研发最新产品，力争以新品挽回客户。

但是，最糟的事情还是发生了。掐着公司咽喉的供应商突然撕毁了供货协议，要提价20%，否则就不供货。

姜总气急败坏，背着戴维与供应商大吵一架，两家公司谈崩，任戴维如何安抚，对方还是坚决提价，甚至放出话，“只要姜总还在，我们就绝不降价”。

一夜之间，三能失去了最重要的供应商，新产品的研发陷入绝境，而原有的产品线也被迫停产。一个月之后，债主们纷纷上门追债，三能破产了。

戴维失业了，几百万也打了水漂。

如果你是戴维，王敬邀请你的时候你会辞职吗？

对于王敬这个前老板，该如何看待？

对于临阵“背叛”的安达，怎么评价？

看到三能公司，对民营企业的现状该如何评判？

唐旭东

先后任 Esprit（中国）CEO、华润零售集团董事长总经理

1. 首先要了解三能，确认在价值观、文化、战略等方面是否有

共识？是否给我真正的授权？行业是否有前途？我的利益是否能得到法律保障？

2. 对有恩于我的老板——报恩，报恩有很多种方法，不一定投入他的事业，也可给予帮助。

3. 我不认为安达是背叛。任何人都有选择自己道路的权利。

4. 三能注定是被淘汰的“沙”。

韦志运

中国中信股份有限公司人事教育部副处长

谢谢唐旭东的建议。

但创业根本没有那么多选择和考虑。人到中年，职业发展也面临瓶颈。之所以出去，很大程度上是因为王敬。另外，戴维自己做了很多年，觉得这个行业还挺有前途的。至于利益，没做好之前，一切都是空谈。

韦京汉

北京窝窝世界信息有限公司副总裁

1. 道不同不相为谋：外企、国企和民企在经营管理方式和生存环境上存在非常大的区别。一家规模相对较小、发展时间较短的民企，首先要解决的是生存问题，绝对不可能像一家世界500强的外企那样成熟和规范。职场人士在进行职业规划或转型时，要充分了解公司的特点和目标，并对比自己的追求，看看双方是否志同道合。选择民企有可能收益更大，但风险也更大，想清楚，自己的胜算有多少？输得起吗？

2. 皮之不存毛将焉附：这家民企资金链有问题、产品存在致命缺陷、命运还被一家上游供应商掐着，这些都是企业足以致命的问题！戴维有多少把握解决？

3. 四海之内皆兄弟：无论上司王敬还是下属安达，相信他们的离去都是无奈之举。分分合合，都是命运的安排，无法强求。祝愿戴维、王敬和安达，今后还能再次相聚，一笑泯恩仇。

韦志运

中国中信股份有限公司人事教育部副处长

谢谢韦京汉的解答！

很认同第一条：道不同不相为谋。尤其是职业经理人，不管是跳槽还是一起创业，志同道合的伙伴是决定性的，否则风险和收益都不相配比。

三能最大的问题在于产品和资金链，死死钳制了企业的发展。其中产品问题是可以解决的，但是需要资金和人才，而聘用高水平的人才又需要投入更多的资金。因为资金链紧，银行贷款很难争取下来。投自己的钱风险很大。但不投，就彻底失败了；投，还有一线生机。

冬妮卓玛

中国政法大学商学院 MBA 老师，管理学博士

你提到：“戴维真想一走了之，可是如果这样转身而去，他在这个行业辛辛苦苦积攒下来的名声也将消失殆尽。”为啥这样想呢？那个王敬走得更早，他也这样想吗？他的名声消失殆尽了吗？

韦志运

中国中信股份有限公司人事教育部副处长

王敬有退路，他离开时已经决定彻底退出这个行业了。事实上，创业失败后，他又做回了讲师，年收入也能达到百万。

刘文玉

北京中仪大珩科技有限公司总经理

1. 自己的梦还得自己圆，职场上贸然选择将付出极大的代价。

2. 戴维十几年都只是在外企、在销售方面打拼，新公司不仅是民企，新岗位还需要更全面的能力。请不要认为你在大公司的光环下有点业绩就啥都能干，你只是大公司里的一块砖！

陈征胜

成都极致机电有限公司董事长

我自己是民企老板，我觉得民企的老板大部分都有点爱忽悠。

很多东西眼见都不一定为实，因为可能都是借来的。一般而言，太美好的承诺，都不靠谱。说来我也是这样，自己的话打个三折还差不多。

但民企老板都是梦想家，有雄心，有野心，只是弱于管理，爱走偏门，灰色地带比较多，江湖气浓。

创业板起来后，很多民企创造了一夜暴富的神话，刺激了多少人。很多老板都转为追求上市，把健康的企业也搞得不正常了，这偏离了企业正常运营的规律，是非常危险的。

如果要跳槽到这样的民企，更要多加谨慎。

徐　彬

博思笃行（北京）管理咨询公司创始人兼CEO

如果我是戴维，同样会选择辞职。许多人个性上渴望创新，在外企做到一定程度后，总想突破自己，选择创业几乎是必然的结果。但戴维不是一个好的沟通者，他所面临的危机几乎全是沟通能力欠缺造成的，而问题解决之前，公司崩盘，破产了。

为什么说戴维的沟通能力致命呢？我们来看戴维跟姜总的沟通，必须要以离职相威胁，才迫使姜总让步，这真是最下下策！简直是“逼宫”！同时，公司倒闭的导火索是姜总背着戴维跟供货商大吵一架，乍一看是姜总的问题，但是一个“背着”折射出戴维的问题！

我建议戴维好好反思自己，坦诚地找各方谈谈：首先，跟姜总谈谈，纵然债主上门、公司短暂关门，但姜总是否有梦想东山再起？其次，跟供货商谈谈，纵然有合作的不愉快，一个大客户的死亡对供应商也是损失。然后，跟银行和债主谈谈，这么基础良好有信誉的企业，与其资不抵债两败俱伤，是否可以缓缓债务，甚至有无再投资的可能。最后跟员工谈谈，也许有愿意同舟共济减薪工作以谋求更远未来的同行者——当年金嗓子喉宝在做不下去的时候，不就是靠员工集资，让企业活下来的吗？失败并不可怕，可怕的是没有再出发的勇气。失败是对未来成功的最好投资，反思失败，找到真正阻碍我们成功的地方，也就找到了新的信心源泉！

三能公司在行业中纵然干不过外企，但是既然曾经能做得风生水起，我想也不会是沽名钓誉，肯定有产品好或客户多的原因。而两个500强的空降兵加入到公司之后，并没有让公司在3~5年内上市，反而闭门了，这不是很滑稽吗?!难道是民营公司的不规范导致的昙花一现？我想不是！所有公司，不可避免都要经历萌芽期、成长期到成熟期，必然是从不规范到规范，从没有竞争力到有竞争力，从规模小到规模大。无论500强也好，民营企业也好，都必然经历这个过程，只不过民营企业正在走500强之前走过的不规范的路而已！看民营企业的问题不能对比500强这样成熟期的企业，应该回看500强的初创经历。故，问题总是有解，关键看谁去解；未来总是美好，要看做梦人是谁。

王　博

北京汇才基石管理顾问有限公司首席顾问

我认为戴维从一开始的选择就是错的：

1. 从职业道德角度，个人可以离职选择更高的发展平台，但带团队离职，是一种违反职业道德的行为。

2. 跳槽之前，单凭“抱着向王敬‘报恩’的心态”，是职业经理人不成熟的重要表现。职场不相信眼泪，职场也不讲“恩惠”，职场是一个买卖市场，一个是买方，另一个是卖方，跳与不跳取决于两个因素：现实价格和未来价值。

3. 把自己的几百万拿出来帮公司渡难关，就不是一般的不成熟，而是幼稚了。不是不可以拿钱出来，而是要有“规则”，投资多少？占多少股权？没确定股权就“借”钱给公司，难听点说，有点傻。

戴维可能一直在外企，职业发展得太顺了，对于跳槽的风险整体评估不够，或者是“报恩”的心态害了自己。

郭志杰

从事房地产评估和土地整理行业

看完戴维的经历非常感慨——这个世界每天都有同样的事情在反复上演，我的一个好朋友与戴维的这段职业经历非常相似，曾经与他一起探讨过，跟大家分享。

1. 个人认知方面

“戴维 39 岁时，已经是一家世界 500 强在华企业的北方区高级销售经理了，直接向中国大区的副总裁汇报。他在这个行业干了十几年，手下有几个得力干将，生意也做得风生水起。公司内风传，戴维的老板很快要卸甲归田，戴维上位指日可待。”

比较顺利的职业生涯、优于周边大多数人的发展现状，容易使人盲目自信和骄躁，从而不能全面客观地审视自己。殊不知目前的成功是能力、机遇、平台等诸多因素组合的结果，切莫过分强调个人能力的作用，而忽略其他因素的决定性，再有能力的人也绝不是在任何地方、任何时候都可以做得风生水起的。

2. 分析权衡（风险评估）方面

“王敬到一家在行业内做得风生水起的民营企业任 CEO，邀请戴维过来辅佐，负责三能公司的销售、市场和产品研发，三到五年后上市”，“戴维重感情，讲义气，怀着‘报恩’的心态，他接受了王敬的邀请”。

作为朋友戴维绝对可交，作为合伙人戴维明显心智不是太成熟。孙子早就说过“ 知己知彼，百战不殆”。如果把跳槽比作一场战争，缺少了战前的仔细谋划和推演，结局显然不会太乐观。

仅凭昔日上级兼老友的几句话，没有对目标企业的深入了解与考察，没有对未来风险的全面评估就贸然决定去留，凭这点，我们就可以预知失败的必然。

3. 企业环境转变方面

外企与民企，不仅仅是两种企业，更是两种体制，是管理模式和内部生态差异很大的两个平台。外企正规而注重流程，民企随性而灵活。个人感觉一般来说：外企像正规军，擅长打阵地战；而民企更像民兵，擅长打游击战。戴维跳槽前是否做好准备将你的飞机大炮嫁接在小米和步枪上呢？

因此，戴维的失败几乎是必然的，后来人以此为鉴——人人都有追求，可实现追求要脚踏实地！

第四章

“背叛！背叛？”

14. 我的心腹“鼓励”员工辞职?!

晓　荷

我是某公司老板，沈阳是分公司经理，我和沈阳一起工作了四年，对他极其信任，也极其偏爱和袒护。

公司有一位老员工杨光，因工作地点离家远，近日提出辞职。

杨光正式辞职前，曾在QQ上跟沈阳诉说去意。杨光表达了自己的犹豫以及对公司的不舍，沈阳却说：“怕啥，离了咱公司你还找不到工作了吗？”沈阳说这句话时，我刚好经过杨光的座位，看到了他们的对话。当时都不敢相信自己的眼睛，我自认为的心腹，会说出这样的话来！

杨光的工作能力、同事关系都还好，公司又缺人手，所以我未批准杨光的辞职，他最终也留了下来。但是，一想到沈阳的话，我就后背发凉。这不是拆公司的台嘛，太让我吃惊了！

我理解不了，自己一直把沈阳当心腹，他怎么能说这样的话？沈阳究竟是什么心态？这样只站在员工角度、不顾公司利益的人还能重用吗？

老板与员工难道就不能肝胆相照、同心协作？

赵晓庆

联动优势科技有限公司总监

我觉得你想多了，沈阳是你的心腹没错，但沈阳也只是一个打工者，不要以老板的标准要求他。沈阳与杨光是同事，他们会以打工者的心态和身份去沟通，这绝对不是挖墙脚。

我也有把我视为心腹的领导，领导的下属也会有类似的问题跟我聊，我同样会站在下属的角度考虑问题并且给出建议。因为我是打工者，我理解打工者的心态。

路文萃

绩效管理培训师

不管是心腹还是合伙人，从合作之初就要想到如何散伙。看到对方优点的同时更应该清楚对方的短处。要考虑好在什么阶段可以接受他的缺点，在什么阶段不能接受，如何规避。一别两宽各生欢喜，这样合作的时候反而更愉快。

陈 锐

某世界500强汽车集团培训经理

不知道沈阳还说了什么，让你如此难过。如果仅仅是这句话，我倒觉得大可不必。假如员工确有难处，而公司不能帮他解决，沈阳的处理就是正确的。至少他没表现出冷冰冰的样子，让老员工认为公司不通人情。要知道一个开开心心离职的员工，将来也有可能给公司带来回报。

但如果沈阳确实说了对公司不利的言论，那一定要认真对待。心腹都这么不满，你需要检讨自己；但另外一方面，对于这件事的处理也要审慎。建议先做一些调查，然后跟沈阳好好沟通，了解一下他对公司的真正看法，也可以再判断一下他的人品。弄清楚了，再做决定。

高世德

广州荣盛公司总经理

借鉴一位长辈的话：你的公司并不是待遇优厚、魅力十足、众人青睐、引以为豪的大公司，所以你的员工只要在工作中稍稍感到不如意，就很容易动心起念——反正工资也就这么一点，不如辞职重新再去找一个……

小企业大都在一无资金、二无技术的情况下白手起家，企业能依靠的只有员工。因此，必须以企业经营者为核心，将所有员工凝聚在一起。要实现这一点，首先老板要能让员工敬佩。

怎么能让员工敬佩？除了专业外，更重要的是原谅员工的过错、让对方成长、缔结关系、灵魂帮助、共分果实……换句话说，就是做一些别的老板做不到的。公司在物质上给不了更多，就应该在精神上下大功夫！

仅仅通过一个聊天记录并不能说明沈阳不忠、对公司不好。另外，再好的员工也会犯错，不能以偏概全。

黄志方

北京三思纵横科技股份有限公司董事长

你和沈阳一起工作四年，就把他当心腹了？

你以为沈阳是心腹，他就能和你肝胆相照、同心协作了？

几年前，我与几个合伙人在上海投资创办公司的时候，把跟了我近10年的胡斌派往上海担任总经理。胡斌的户口、家室和社会关系都在上海，他很清楚我委派他担任此要职的重要使命和对他的关照。可惜不到两年，公司每况愈下，主要原因是几个股东之间的纠纷不断。我相信胡斌一定明白我不会坐视不理，只是需要等待出手时机。

但是，胡斌却没了信心，开始暗中撤退。他授意在公司担任经理的一个亲戚以生病需要休养为由离职。随后又安排另一个采购部经理刘以公司欠款太多，个人无法承受供应商的催款压力为由，提出离职。然后他本人和他的另外一个心腹继续留在公司观察。

刘出去后，胡斌给刘投资开办了一个机加工厂，从此脚踩两只船，一边在公司上班，一边在外面创业，我都容忍了。

后来，我收购了其他股东的股份，重新委派董事长主持工作，公司很快扭转了局面。

到此时，我仍然希望胡斌能够改弦更张，重新焕发斗志，但是……

一个月前，我决定辞掉胡斌——这个跟了我近10年的亲信、高管。

郭志杰

从事房地产评估和土地整理行业

朋友的公司刚刚发生了类似的事情，相比之下，他的遭遇才是真正的背叛。那是他公司成立后招聘的第一个员工，从跑手续到各项核心业务操办从未有任何避讳，甚至朋友的银行卡密码都告诉他的这位下属了。为了提升这位员工的技能，他手把手地培训，时常请他吃饭，一起谈公司的未来和理想，把这位元老级员工当成了最要好的朋友。但是，没想到该员工突然辞职，随即公司的客户资料丢失，客户资源被挖。后来才知道，此人早已悄悄展开对客户的挖掘……

为何一片赤诚换来一个令人寒心的结果？难道真是应了那句话："我本有心向明月，奈何明月照沟渠"？

我的看法：

1. 老板和员工位置不同，看问题的角度不同。有时候你觉得好的、对的，员工却并不这么认为。有时候你觉得是多付出了，员工却认为你作为老板是理所应当的，甚至还不够。有时候老板是对的，有时候员工是对的。但在自己的角度，很难做出客观的评判，人都会觉得付出多，回报少。这是人性。

2. 把自己的看法强加给下属，好心办坏事。比如老板为了员工的成长，特意给了一个独立完成任务的机会，原本老板认为员工应该感激自己的良苦用心。谁知，员工却因为陡然加大的难度和工作量，心生怨恨。有时候老板觉得自己和员工已经亲密无间，无须客气。殊不知，老板一个看似粗暴的态度，在员工心里产生的却是不爽与敌意。

黄志方

北京三思纵横科技股份有限公司董事长

想当年，北伐军攻打武昌城的时候，吴佩孚大帅点兵点将指令刘佐龙镇守西门，有人附在大帅耳边说：“大帅，此人脑后有反骨，靠不住啊！一旦此人有异心，给北伐军打开城门，我等岂不是……”

大帅哈哈一笑：如果我打赢了，靠不住的人也靠得住了；如果我打输了，靠得住的人也靠不住了。

若干年前，所有员工进公司的第一堂培训课都由我亲自来上，我跟新进员工们讲：

“如果你们当中有人表态，说要跟我黄总干一辈子，我认为那一定是鬼话，我老婆都不敢保证能跟我一辈子，何况你们呢？”

然后，我指着站在我旁边的总经理说：“如果公司发不出工资了，我预计第一个跑的就是这个总经理……”

我从来不会指望有谁能跟我死心塌地。死心塌地只是一个梦想，只是一个努力的方向。

我无时无刻不在做的准备就是一旦某个人走了，我有没有备胎可以迅速顶上，如何才能把损失降到最低。

宋锦添

某广告公司总经理，创业十余年

看了晓荷的遭遇，让人心惊；读完黄志方的回复，更感世态炎凉。在利益圈中待得越久，对人性的认识就越深刻、立体。最初单纯、理想、柔软的心也变得复杂、理性、坚硬。

一个老板，抑或是一个将军，初衷和结果恐怕早已南辕北辙。最后，空余一份骄傲，让别人永远追随着的骄傲。

钟　荔

找同行网主编，找同行网创始人

我倒认为不用心凉，支持员工离开并不一定就是背叛，有时候反而是负责的表现。我的下属想要离职时，我一定会和他们深聊，聊辞职的原因、辞职的目的、未来的构想等等。员工离开，有时是有解决不掉的困难，比如家远；有的是不适合企业氛围，比如循规蹈矩的人遇到创新性极强的企业；有的是在公司的发展确实无法突破；有的是有更好的机会……

如果这些无法解决，他的工作必然要打折扣，我也会支持他离开。

当然，年轻人容易冲动，考虑问题也不全面。如果老板能以一个过来人的身份，站在他的立场帮他分析利益、规划前途，员工也一定能感受到老板的真诚。

推己及人，将心比心，己所不欲，勿施于人。只有彼此都能换位思考，老板与员工才能真正肝胆相照、同心协作。

黄志方

北京三思纵横科技股份有限公司董事长

我渴望感知真诚的人性，我相信很多人的人性，直到现今。

正因为人性，我才能够体谅和理解许多许多……

在创业陷入低谷的时候，我已经发不出工资了，凭什么还要人家陪着我死扛硬顶呢？你是为了一份事业，别人或许只是为了一份工资！

当别人为了更大的利益，要提着我的人头，踩着我的尸体，换取荣华富贵时，我又有什么理由不成全别人呢？此时，我不下地狱，谁下地狱？

人啊！本身就是一半天使，一半魔鬼，如果我们不能激发出他天使的一面，就必然会唤醒他魔鬼的一面。

若简

咨询公司总经理，行业专家

相信每个创业者都有过类似的经历，起初被“刺激”的老板们心里总是很受伤，开始怀疑人性，甚至觉得人性本恶。经历多了，才知道这太正常了。

老板或管理者，必须让团队有足够的风险抵抗能力，也就是搭建好组织梯队，做好人才储备。

但我们还是要相信人性本善，同时也必须正视人性中丑恶的一面。

“但行好事，莫问前程。”这真是一种境界！

15. 合作客户来挖墙脚！

若　简　咨询公司总经理，行业专家

我是一家建筑咨询公司的老板，我们的核心竞争力就是人才，因此公司的企业文化抓得很紧，人员也较为稳定。可最近，让我深感无奈的事出现了——我的客户开始挖我的墙角。

我从来不怕竞争对手挖我的人，他们很难成功。但是，我没有办法阻止客户挖人。我的公司已经连续两年保持团队主动流动率为零，可是今年，一个我非常看好，也

重点培养的项目经理被客户挖走了。而且让我不能接受的是，他还不说实话！明明是去了客户那里，还不承认！只要在这个行业里吃饭，能瞒得过我吗？虽然整个团队的人才梯队已经形成，对公司不会有多大影响，但是直接服务的客户偷挖我的人，实在让人气愤！这对在职的员工也会有很多负面影响！

客户是上帝，对于不讲规则的上帝，我该采取什么对策应对呢？

高　云

民营企业创业者

1. 你的员工成为客户的员工后，会感恩以前的老板和公司，并在客户中形成一定的正面影响，为公司带来良好的形象和收益，并不会因为你的员工去了客户公司而失去这个客户。相反，客户会增加与你公司的黏合度。

2. 你的客户一定是有社会影响力的公司，你的员工被他们挖走（聘用）也是对你企业管理成功的一种肯定。在职员工也会看到希望，更加努力地为本公司工作。

送人玫瑰，手留余香。成人之美会让你快乐。在遇到困难的时候，帮助你的人比你想象的多。

若 简

咨询公司总经理，行业专家

员工被挖角了，还要认为是成人之美，认为是自己的平台不错，这不是很阿Q？

陈征胜

成都极致机电有限公司董事长

我的一位朋友做了一辈子空压机，带出来很多徒弟。有一些徒弟去了他的客户那里，代理了别人的品牌，而且做得很大。

后来，老板派他去开发这个市场。他去找徒弟，徒弟只说了一句话，“老大来了，老大吩咐的，怎么能不听”，马上转做了他们品牌的代理。

这样的员工多一些，生意就会好做些。

商界中都是一个个的派系，你的员工进入到客户那里，可以更好地理解客户，打通公司之间的信息不对称。

有一次，我去谈一个大客户。客户说我们的对手报价要低很多，可我们都知道有一个地板价，客户说的那个价格绝不可能。我马上打电话给在对手公司的徒弟，当着客户的面说了他们的出厂价，一下子扭转了局面。

如果把这样的员工好好开发一下，会让自己公司的整个业务构成提升到不一样的高度。

朋友多了好办事。能够调整好心态，后会定然有期。

若　简

咨询公司总经理，行业专家

我同意员工被客户挖走，对生意可能也有好处。

但是，君子爱“才”，取之有道！如果对方做得太过分，我难道还要给他好脸看?!

黄志方

北京三思纵横科技股份有限公司董事长

看到自己的员工被别人挖走，老板心里的怒火腾地就上来了，恨这个挖人的单位太不给脸了，恨这个员工更是太不给脸了……

大度是装的，阿 Q 更是装的，是无能为力的故作姿态，是无可奈何的假笑。

这个世界上最有种的人是任正非，在李一男逃离华为之后，华为专门成立了“打港办”，在市场上全方位地打击港湾公司。围追堵截，低价竞争，不惜十年八载，不消灭港湾公司誓不罢休，外界称为老东家的无情绞杀。最终在 6 年之后港湾公司被华为彻底地包圆了。

上面的故事是讲给高手听的，人往往是心里的高手、思想的高手，至于行动嘛，那就得另说了。

你有料，你敢和这个客户叫板，从此和这个客户一刀两断，划地为界，就此不相往来？

你有料，你敢在这个客户的圈子里主动发起攻击，攻击这个客户的不厚道？严重打击他的商誉，让他知道他的做法是要付出足够的代价？

你有料，你敢在自己的圈子里面主动宣告，凡是与这个客户有业务关联的单位，本公司将与之断绝一切业务往来？

你有料，你敢在公司里面公开宣布，所有和这个被挖员工继续有公、私往来的员工，一经发现，一律辞退？

若 简

咨询公司总经理，行业专家

真给黄志方说着了！

“你有料，你敢和这个客户叫板，从此和这个客户一刀两断，划地为界，就此不相往来？”

——第一次遇到客户挖我的人，我真是这么做的，马上跟客户解约了！搞得那个客户很没面子，我心想你做出的事情本来就不体面，我给你留什么面子？居然还假惺惺地承诺下次给我们业务，我根本就不稀罕与这样的客户合作！

半年后，和他们结算时，他们的人说：“我们领导很后悔挖了你们的人，他没有想象的那么给力，结果还失去了一个很好的合作方，我们领导完全没想到你们老总会做出这样的动作。”

事实上，客户挖去的那个员工并不是我这里的顶梁柱。之所以我们在客户那里的考评一直排在前两位，是因为我们公司后台的技术扶持。

“你有料，你敢在这个客户的圈子里主动发起攻击，攻击这个客户的不厚道？严重打击他的商誉，让他知道他的做法是要付出足够的代价？”

——这个事儿，我从来不做！我干吗要跟别人的错误较劲？我能得到什么？只为大快我心吗？ NO！解除合同后，我跟他没有任何关系！

“你有料，你敢在自己的圈子里面主动宣告，凡是与这个客户有业务关联的单位，本公司将与之断绝一切业务往来？”

——后来，有个朋友在那家公司另一个城市的分公司，邀请我们去参与他的项目，我婉言谢绝。他问我原因，我便如实相告。道不同不相为谋！仅此而已。

“你有料，你敢在公司里面公开宣布，所有和这个被挖员工继续有公、私往来的员工，一经发现，一律辞退！”

——员工之间的交往是他们的私事，我有理由干涉吗？我干涉得了吗？那不是侵犯人权吗？价值观告诉我：我根本没必要那样去做，也不可以那样去做！

去年，我们有幸与一个赫赫有名的大公司合作一个项目。客户公司派驻了一个新人做相关模块管理负责人。为了更好地支持客户，我考虑再三，派出一个相当有实力的项目经理。结果合作没多久，客户公司从总经理到部门经理都想挖我的项目经理，被我的项目经理婉言拒绝了。

我知道后也没有动声色，征得客户同意后，把项目经理调出来，安排了其他人接手。但是我承诺一定会满足客户需求，同时提出要求：客户不能挖我的人。

我相信，这个客户不会再挖我们的人了。

孟 宁

人力资源管理从业者

我们公司好多员工就是同咨询公司做了项目后留下来的。比如，麦肯锡合伙人吴亦兵2005年做完IBM的项目后，就留下给我们做了顾问。还有一个也是与麦肯锡合作项目后，被我们挖来，但又回到麦肯锡，不过还继续给我们做项目——这种方式，对顾问的个人发展极好，因为他们有了落地的企业实践；对咨询公司也极好，我们源源不断地提供项目给他们，他们因此更加了解我们。

所以，如果客户挖你的员工，并不一定要把员工调走，反而可以和客户讲："你看上的人并不合适，我会推荐更好的人选。而你们看上的这位员工，我会安排他一直跟进你们的项目。"这样一来，客户满意，员工发展也有了出路，企业还能更好地维护客户关系。

高世德

广州荣盛公司总经理

我没做过咨询，但请过咨询公司。这样靠脑袋吃饭的地方，核心人才"连续两年保持团队主动流失率为零"，实属少见。我所看到的，大多让股份、年终奖、学习机会、家人、关系、资源捆绑得非常紧。因此，我也一直在思考，怎样才能留住人才，又是什么原因让对方挖走了自己的员工？

这几天，我也有一个重点培养的组长被客户挖猎，好在没挖走。昨天晚上，大家一起 K 歌的时候，我单独找她碰杯，她的话提醒了我：“公司现在人才多了，高总亲自带人的时间少了。我就是冲着你来的，你少带我，我等于看不见未来。这一杯让我知道你还是记着我的、让我看到希望。”我才意识到：原来是公司发展太快，人多事多了，虽然我准备重点培养她，却在实际行动、语言表达上不够清晰准确，让人有了误解。

另外，员工被客户公司挖走，也有可能是对方给了特别诱人、超出其本人能力范围的丰厚条件。人往往容易高估自己的能力，以为可以胜任，做过才知道高薪真不好拿。人年轻，难免犯错，离开以后再回来，能力、忠诚度也许更好。老板也只能这样自我安慰，除此以外，又能怎样？

杨文博

北京爱开科技公司总经理

1. 员工为什么会走？能得到更好的待遇、职位、平台、公司品牌、某种满足感？这几条都说得过去。我也做过几年咨询，可后来不做了，为什么？因为自己设计的方案在客户那儿总是得不到很好的落实，缺少成就感。好吧，那我就自己开公司，不实际操作，真不知道为啥不能落地，也不知道以后该注意什么。很多从咨询行业出来的人都有这种心理，到企业去实际操作，一定可以让自己更加完整、更加写实。

2. 客户为什么挖人？我们曾给一个客户做项目，三年四个项目，第一任项目经理休产假，第二任项目经理被客户挖去，第三任项目经理被客户挖去，我是第四任，项目结束时我自己创业了，否则也被挖走。客户是银行，福利待遇职位啥的都不差。他们是真缺人，这10年很多行业都是一日千里地发展，哪儿找知根知底又合适的人去啊？如果不是两家老大关系好，整个项目组都会被连锅端。要说双方合同上也有保护条款，不能互相挖人，但是这东西抵不住饭桌上的一杯酒——把人给我，我再给你一个项目做！怎么办？顺势而为吧。

3. 员工被客户挖，是啥问题呢？是内部管理的问题？是客户管理问题？是自我修炼问题？或者根本就不是个问题？不养儿不知父母恩，不创业不懂老板难。

黄铁鹰

北大光华管理学院教授，找同行网创始人

我不认为高云的建议很阿Q，相反，我支持她的观点。《菜根谭》

有云：信人者，人未必尽诚，己则独诚矣；疑人者，人未必皆诈，己则先诈矣。你信任所有下属，不代表所有下属都值得信任，但你在无条件地信任他们时，你和你的公司变得值得人追随。

因此，若简的问题是个概率问题。如果少数人被客户挖走，正常，人不是同样投桃报李的机械；如果是多数人叛变你，那是你的问题。

高云的做法，在对待少数离职员工的问题上非常老到，一箭双雕。

我给 EMBA 讲课时曾讨论的一个话题就是：如何对待吃回头草的员工。多数老板的经历是吃回头草的马大都好用，因为有了对比。

一个青岛地产公司分享了它对待离职员工的案例，让我非常受启发。它曾经是青岛最大的房地产公司，但近 10 年拿地不多，被全国性地产公司超越了，很多骨干跳槽了。这些离职员工经常聚会，公司发现后，因势利导，主动资助他们聚会。不仅如此，公司还让离职员工同在职员工一样，在楼盘开售前，有优先选房权；更让他们同在职员工一样，享有集资投资权（他们开发项目时，允许员工参与投资，公司保证员工投资回报不低于 10%）。现在有几个骨干又回流了。

天要下雨，娘要嫁人，但应该记住，晴天多过下雨天！

若简

咨询公司总经理，行业专家

感谢大家的建议！

我也知道，100 多人的公司，被挖走一个项目经理，太正常了。

我也知道，每个人有选择的权利，我们确实没必要阻挡。但是作为老板，作为公司的掌舵人，毕竟希望团队稳定。

在我看来，员工不稳定有两个方面的原因：

1. 公司不够有吸引力。

2. 是由当事人的价值取向决定的。

黄老师最后提到的对离职员工跟踪，我觉得是特别值得借鉴的方法。

事实上，我自己就跟踪过一个离职的女员工。我们一直联系不断，包括她搬了新办公室、接了新业务、负责搞团建活动……我都会关心。三年后，她又回到了我的公司！

高兮

北大光华管理学院 2011 级专业会计硕士

我认为老板首先要理解员工。

作为老板，有愤怒的理由。我对你不薄，你能够有今天跳槽的资本，我是付出了极大成本的，关键是还有我的心血和期望，你怎么能够并舍得“背叛”我啊？

作为员工，也有离开和“欺骗”老板的理由。在当下人人逐利的现实中，跳槽实不为过！对于“欺骗”，老板培养我这么久，有恩于我，如果跳到其他单位，尤其是关系单位，这对老板的感情该是多大的伤害啊！瞒着她说一个不相干的单位，也许老板能好受些？再说了，老板是前辈，业内根基深厚，如果据实相告，会不会设置障碍？

其次，老板要明白平等和尊重才是维持和发展双方关系的根本。

老板和下属本就是契约关系。只是由于能力、经历等有所差别，各自扮演不同的角色罢了。老板以为的“真心付出”，在下属看来可能只是“理所应当”。因为双方的经历、位置不同，导致感受也不同。老板既然有裁人的权利，下属自然有跳槽的权利。

老板理应对这个问题有更深刻的认识。

当然，知道和做到是两回事，这是个修炼胸怀的过程。所谓以德服人，知易行难。当老板靠才干，更靠胸怀。

再次，老板应磨炼出良好的“校长”心态。

每个老板都不愿意当“校长”，让自己的公司成为学校，只培养人，留不住人。每入职一位新员工，都是一次投资，如果在离职前没有为单位挣得足够利润，就意味着投资失败。虽然控制经济风险的手段非常成熟，但费心伤神的损失只好自己承担了。

老板应当要求自己具有“校长”的心态。社会的进步是建立在个体素质不断提高的基础上，那么老板对于员工的培养、教诲、帮助就具有了更大的意义！老板完全有理由拥有这种令人钦佩和自豪的思维逻辑：社会的进步有我的一份贡献！

最后是坚持目标导向，而非问题导向。员工离职是个普遍问题，只要不影响公司经营，就不必为此而烦恼。

作为老板，解决问题当然非常重要，但是学会与问题相生相伴更为关键。制定目标并致力于实现目标，应当是老板身上担负的更重要的责任。当你与大家共同成长，带领大家共赴美好未来的时候，也许当初困扰你的问题就会迎刃而解。

治人者累心，让神经变粗些！逼着自己看远些，烦恼也会变得其乐无穷！

16. 股东另立门户后竟来挖人

无　畏　创业者

我们是一家零售创业企业，发展到现在已经三年多，也有了一定的市场影响力。无奈一年前因财务不透明，引发创始人纷争，总经理和财务总监涉嫌挪用公款，最终离职。虽然其他几位股东与此二人的关系急转直下，但念及同窗之情，并未深究，甚至还支付了一定的退出款。

万万没想到，他们非但不领情，还在过去半年的时间里，借助原先的资源在同一区域的市场做回了同行的生意，同时不断地接触我们的员工并且挖角。他们开出两倍的薪水，还发放住房补贴，甚至有专车接送。多数员工都是第一次见到这种阵势，有些人抵不住诱惑，跳槽去了他们那里；而留下的员工也开始浮躁、彷徨。

我现在很后悔当初太过感情用事，没有对外公开他们离开的真实原因。我想接下来他们的动作依然不会停止，我们该怎么应对呢？

黄志方

北京三思纵横科技股份有限公司董事长

我遇到过好几次这样的事。有股东另立门户，回来挖人的；也有技术或者销售人员出去另立门户，回公司挖人的。

如何应对呢？

一种方案是冷看对手，愿挖则挖；淡看下属，愿走则走。

这种心态必须基于相当的自信。被挖走的，本身就不是和我一条船上的；挖不走的，是有判断能力的。

我能理解下属因为高薪而跳槽，人家出来打工不就是求个财吗？我们为何不成全人家呢？老板不能因为自己的公司需要就委屈人家。

我给软件人员 5 000 元，华为给软件人员 15 000 元，我再不让人家走，那不是挡人财路吗？我们应该高高兴兴地送他去华为。等我能开得起比华为更高的工资了，我再请人家回来。在此之前，我们必然是华为的培训学校、实习学校。

另一个方案是有所行动，做一些自己能做的事。至于结果嘛，尽人事，听天命。

该谈话的谈话，该挽留的挽留，该给员工开会分析形势的就开会，客观公正地介绍自己公司以及对手公司的优势和不足，任由员工选择。

心底无私天地宽，坦坦荡荡。

对于蠢蠢欲动的一些骨干人员，薪资待遇在规则允许的范围内，可以做一些调整，只要能接受且合理就可以。

更重要的是要感谢竞争对手。感谢他帮你弥补了在思想工作方面的缺陷，感谢他督促你完善了薪资体系方面的不足，感谢他时时地在鞭策你要更加努力，感谢他给你带来了工作的动力。

我常告诉自己：这个公司除了老板外，没有谁是不可替代的。否则，一定是公司的管理出了问题。

无 畏

创业者

黄总说得非常透彻！只是对方怀着恶意，总是与我们的员工不断接触，即使挖角不成也要影响员工心态。我们虽不求投桃报李，但他们这样以怨报德，我实在是想不明白。

钟 荔

找同行网主编，找同行网创始人

请问贵行业利润率多少？对手以两倍薪资加上住房补贴挖你的员工，要么是自掘坟墓，要么是你太抠门。如果是后者，反思下自己公司的薪资水平是不是太低了，该不该调整？如果是前者，冷眼旁观，看他们能蹦跶多久。

另外，还要跟员工及时沟通，把道理讲清楚。人都不傻，自己会算账，大多数人不会为了显然脱离实际的一时之利而不顾未来的收益和发展。但是，前股东的坏话就不必说了，员工对你们之间的恩怨没有兴趣，说多了适得其反。

杨 瀚

股东决裂、核心高管离职都会给企业带来巨大伤害。每个人工作的动机和利益点都不一样，国内的企业很多情况下是通过人来做事，实际上国人是很难管的。个人非常认同西方的管理手段，核心的内容和问题要用流程来管理，别人可以挖你的人，但是挖不走你的流程。就像很多人都想学海底捞，甚至挖海底捞的人，但是谁也没做成第二个海底捞，这里有值得我们思考的原因。

不要老想着怎么堵问题，要想着防问题，很多时候防的问题想透了，堵的问题就越来越少。毕竟公司是个系统结构，有些看不见摸不着的东西是很难复制的，能复制的大多数是形式。

陈征胜

成都极致机电有限公司董事长

1. 基于信任基础的合作，总是不太稳固。

合伙人分手是正常的，不必纠结于同学情谊。否则，只会更难处理。

当年希望集团四兄弟分家，主攻方向各不相同，区域划分既有交叉也有合作，反而大家都发展得更好了。

亲如兄弟，也会因为经历不同，看法不同。所以，分手是早晚的事。晚分不如早分。

2. 现在正是你调整管理方式的好时机。

创业初期，大家相互信任，互相合作。企业因为信任而快速发展。但是信任很脆弱，一旦有裂痕，很难复合，也会影响企业发展。因此在企业发展的不同阶段，要采用不同的管理方式。你应该借此事件，引入专业化人才。同时，要建立制度，系统化管理。

3. 对方挖角要积极反击。

商场，本就是你争我夺的战场。如果连战斗的决心也没有，一定失败。

可以做好人，但更要有原则。

李嘉诚与李兆基是很好的朋友，但是在商业上，谁也不让谁，竞争得异常激烈。这是成熟商人的标志之一。

我的一位朋友，最初被别人挖角，没有准备，也没有经验，结果一下子走了很多人，对公司的影响很大。后来，又有来挖人的，他马上开了一次全体员工会，在会议上，他向所有员工讲道："如果公司业绩不好，全是我的责任。我知道有些公司开出了诱人的条件，如果有人离开，我尊重大家的选择，但走之前，请一定想明白——你真值那个价吗？你只值那个价吗？你在那里会发展得更好吗？最后，如果有人敢来我这儿挖角，他就是我一生的仇人，永远与之为敌。"吓得对手不敢动手。

另外，一定要抓住核心员工。只要核心的员工还在，企业不会受太大的影响。

成熟的商人，对于生意的合伙与散伙，都能看开。

张颖光

中国建陶营销人

反思自检避免另立山头，企业文化力挽员工跳槽。

牛根生当年就是从伊利离职，创办了蒙牛；就连华为也不可避免地发生了高管出走另立山头的情况，任正非下令坚决绞杀。

很多民企在发展过程中都会遇到类似的挖角情况，无论是股东分家还是高管出走，大多数老板都选择容忍。但商业模式的复制，业务类型的雷同，人才抢夺的切肤之痛，让人纠结万分。我谈谈个人拙见。

一是，股东分家或高管另立山头，带来的竞争问题。

从市场经济发展观来看，这不仅正常，而且也有利于推动行业竞争与发展，更体现了市场经济的竞争本色——适者生存。如黄志方先生所言，老板要自信并且淡定。做好自己的事，改善公司的不足。除此之外，还有两点需要重视：

1. 分家要分清。俗话说“好聚好散”。企业除了有形财务报表资产外，还有很多无形资产（核心技术、专利权属、品牌代理权、渠道资源、核心岗位员工等等）。分家的时候要明确清楚，做到公正公平，避免以后产生纠纷。虽说同行是冤家，但分开后也没必要大动干戈，毕竟竞争对手也不止他这一家，多一个不多，少一个也不会好到哪里去。

2. 高管出走确实需要反思，他为什么要另立山头？无非两种，一是高管的“地盘和地位意识”，二是老板的“帝王心态”。企业是社会的，企业也是老板和高管及员工公用的事业平台，大家在这个平台上各尽所能，各取所需。当“能”的评价不再公允，“需”的欲望不断扩大，就会出现高管出走另立山头的现象。高管出走，老板本人首先要反思。当企业叱咤风云，老板得到社会的尊重和认可时，要提醒自己：自己所拥有的一切除了自身的学习进步、勤奋努力、天时地利之外，还有一帮并不比自己付出少的兄弟。他们除了更高的物质需求外，也需要成长与社会的认可，更需要尊重。其次，当高管有了另起炉灶的念头时，高管也要反思，你再有能力，离开原先的平台，也要从零开始。其实企业与高管签订同业竞争保护协议，一方面是保护企业利益，另一方面也是保护高管利益。

总的来说，无论是股东分家还是高管出走，本质都是人与人之间的利益分配、权力分配、荣誉分配出现了分歧。老板和高管都应该多预警，多沟通，多反思。

二是，如何解决高薪诱惑、挖角带来的团队军心动荡问题。

首先，老板要清楚，员工在企业中的需求——收入、发展和尊重。

其次，老板要明确对手高薪猎挖的对象一定是核心员工。

最后，解决方法一定是回归到企业员工的文化建设上。文化建设要持之以恒，滴水穿石。一个企业如果能够让员工认同、行业赞许，对手也会望而却步。短期的高收入承诺绝对不能抗衡一个企业给予员工的诚信态度、给予员工的具有行业竞争力的合理收入和对员工发自内心的尊重以及不断学习的环境与发展平台。员工为了短期高薪出走，一方面企业要反思，提升人力资源管理水平，增强人力竞争力，另一方面也要抱有“天要下雨娘要嫁人”的胸怀，善待留下来的员工。只有善待留下来的员工，才能留住人心。

我公司成立近 20 年中，既有股东分家另立山头，也有高管出走另起炉灶，曾有戏言称我们是整个行业的“黄埔军校”。这么多年，行业的发展大浪淘沙，英雄辈出，格局裂变，唯一不变的是：我们企业留下来的人，信念坚定，铸就了一个行业第一的平台，赢得了社会的认可、行业上下游的赞许、竞争对手的尊重与羡慕。当年出走的许多人才纷纷返回企业。

如果改变不了现实，我们就要学会坦然，最起码也要为自己预警。正如黄志方先生讲的：“心底无私天地宽，坦坦荡荡。更重要的是要感谢竞争对手。感谢他帮你弥补了在思想工作方面的缺陷，感谢他督促你完善了薪资体系方面的不足，感谢他给你带来了工作的动力。”

大相竞合，合作伙伴会变成竞争对手，竞争对手也会变成合作伙伴。

17. 天下没有如意的老板

马文姬 优嘉美地（北京）商务咨询有限责任公司

2013年底，国贸CBD写字楼，雯终于下定决心找总经理徐总最后谈一次。

两年前，雯在一次国际交流会议上与翻译合作商徐总相识，得知徐总正为公司面临的问题发愁——公司成立以来一直亏本，销售部门没有订单，专职翻译无事可做，员工个个无精打采。

徐总40多岁，专业翻译出身，完全的技术型人才，但对销售并不在行。雯在翻译行业打拼了四年，已是业内知名企业的业务经理。徐总和雯交流了几次，发现很多观点意见一致，大有相见恨晚之感。

回京后，徐总多次约雯深谈，反复劝说下，雯终于下定决心加盟徐总公司做副总。年纪轻轻的雯得此重任，斗志昂扬，暗下决心定不负徐总厚望。

雯上任后果断出手裁掉了销售经理和部分销售人员，亲自跑遍每一个客户。在雯加盟后的第三个月，公司业绩就创下了最高纪录。

初战告捷，公司士气大振，员工为了赶稿，常常集体通宵加班。

雯加入后，徐总终于可以专攻技术，他连轴转出差到各地招聘、指导专职翻译。有了徐总的指导，翻译质量明显改善，客户满意度大大提高。同时，雯又提议请老外做校对，虽然这样成本很高，但是老外能够让译文语言更加本地化，高品质的服务才能留住优质客户，这将为公司积累稳定的大客户源提供保证。

时间飞逝，公司终于开始赢利了，虽然刚入职时徐总向雯许诺的股份、度假、镀金等等都没有兑现，但是每月都有奖金，雯的收入也在逐步提高。一心扑在工作上的雯也没有多想，满脑子是新业务的拓展计划。

雯准备增设口译业务。口译利润大，但客户忠诚度不高，容易跑单。徐总第一次与雯意见相左，讨论新业务的会议不欢而散。虽然在雯的坚持下，口译业务还是上马了，但在几次对外投标中，都与机会擦肩而过。徐总也开始对雯抱怨起来。

因为赶工，员工经常加班，加上徐总脾气不好，大家对公司越来越不满，雯和徐总也因为用人问题争论不休，有时雯不得不按徐总的意见辞退员工。两人摩擦不断发生，雯的火气不断上升。

年底将近，徐总希望公司明年搬入更高档的写字楼，继续增加工作人员。雯却认为，明年的重点投入应该是公司各项流程的规范化。但胳膊拧不过大腿，最终徐总带助手花费一个多月的时间定下了按美金计算的高档写字楼，然后开始新办公室的装修。

就在此时，满肚子窝火的雯发现徐总通过译员、客户调查她的工作情况，雯得知后对徐总很失望，一直以来无私为公的付出换来的却是不信任！

雯觉得公司是在自己领导下才起死回生，徐总不采纳自己的策略终将自食其果。徐总终日埋头技术，根本不管销售。雯费力不讨好，想要离职，可自己投入了这么多，老板的承诺迟迟不兑现，公司规范化管理的目标也未实现，怎能舍弃？

雯该如何选择？

武小宁

某投资公司战略运营总监，北大国际MBA

我认为雯应该走人。

小公司老板一人说了算，个人的发展全掌握在老板手中，看得出这个老板确实不是同道中人。

1. 言而无信。老板只画饼，不兑现承诺，怎么能留住核心员工？一旦没了核心人员，公司如何发展壮大？

2. 疑心太重。所谓用人不疑，疑人不用，老板不仅怀疑雯，而且还背地里私下打听，人品值得怀疑。

3. 太重面子。公司才刚盈利，就换更好的办公室，让自己更有面子，而不是做好最根本的业务和服务。仅此三点，就可以考虑离开，无须多言。

李发顿

易拓软件执行董事，餐饮信息化老兵

不知道雯的年龄，既然自称小女子，那就假定是年轻人吧。

雯在考虑是否离开之前，应该先问自己一个问题。如果离开这家公司，你能够找到类似的机会吗？

如果不好找，那么我建议雯继续在这个企业沉淀一段时间，继续在这个岗位上修炼自己。

因为对于年轻人来说，机会更加重要，不应该轻言放弃。

我之前也遇到过类似的问题，一个做老板的朋友告诉我，他认为多数民营企业老板都或多或少有道德问题。如果你因此离开，很难保证下一家老板没有同样的问题。所以，只要你和老板的价值观一致，并且在这里可以实现自己的目标，我建议还是留下。

钟 荔

找同行网主编，找同行网创始人

我有一位朋友和雯有非常相似的经历。

能做的选择无非有三种：抗争，妥协，离开。

抗争无疑是最难的。企业文化就是一把手文化，老板多年形成的理念已经固化，很难改变。如果雯手中没有足够的牌，跟老板叫板是不可能的，没有老板的支持雯想推动规范化管理将会举步维艰。

妥协也不容易。雯可以向老板争取股份、休假等，这些或许可以换取内心的平衡。其实人生无处不妥协，世上本无完美的东西。心放宽点，性格别那么刚烈，妥协久了也就习惯了。虽然无奈，却是实情。

离开最简单。只是雯要考虑清楚，其他地方也不是净土，未必就能让理想自由放飞。这里遇到的问题，在其他公司同样会遇到，而换个地方重新开始，或许还没原来的好。

我那位朋友当年选择了离开，甚至放弃了股份。虽然他说自己从来没后悔过，但几年后也承认，离开是性格的选择，不是利益最大化的选择。选择妥协的同事同样生存了下来，而且发展得也不错。

性格决定选择，选择决定命运。

庄欠栋

山东省临沂市正直驾校校长

每个人的角度不同，看到的问题亦不相同。不是自己的公司，要想把公司变成自己理想的模式几乎是不可能的。

职业经理人就是要把老板的想法落实下去。如果自己有很多想法，干脆开公司单干，何必在别人屋檐下！

不过离开了这家公司，下一家也未必就是理想的。关键是自己要放平心态。既然改变不了老板，那就适应老板。否则，只会自寻烦恼！

黄银玲

车联网公司高管，香港大学整合实效管理（IPM）研究生

我是个和雯差不多年龄的小女子，也是一家企业的空降兵，跟雯不同的是，我来这家公司时，是从底层做起的，没跟老板谈任何价钱。经过四年的努力，我才逐步升到副总，其中的辛酸只有自己才知道。

我没有雯那么锋芒毕露，更不够成熟老到，四年来我最大的感触是“伴君如伴虎”——你摸不透老板对你的期望是什么，或者说，老板对你的期望永远是没有止境的。

刚来的前两年，我热情高涨，经常私下给老板提建议，只要在我的职权范围内，就会不遗余力地实施和改进，但老板从来不对我的建议进行回应或沟通，偶尔还会借不同的场合来暗示或明示“压”

我。后来，跟我预测的那样，公司的许多问题都暴露出来了，我也摸透了与老板的相处方式，老板这时对我的态度才慢慢好转。但整个高层中，就我一个空降兵，还是女性，其他全都是七八年以上的元老。目前公司存在的很多问题其实就是这些元老的能力问题，我一个人很难改变什么。再后来，我坚持得有些累，总觉得达不到自己的期望，也没达到老板的期望，跟老板提离职，老板却百般挽留，而且当即提起了一个战略计划让我负责，如果顺利，这个战略计划一年内完成，很多事情就能迎刃而解。

路遥知马力，日久见人心。老板和打工者虽然立场不同，但只要相互尊重和理解，应该还是有情可讲的。

宋锦添

某广告公司总经理，创业十余年

我的观点如下：

1. 诚信很重要。

人都有说大话的时候，可如果是一个诚信的人，他既不会轻易承诺，也不会轻易毁约，即使有困难，也得先把这次的事儿结了。

但是，也有另一种可能，就是徐总发现雯与自己之前的心理预期差距很大，所以一直没有兑现。

2. 有话摆到桌面。

如果我有想不明白的，我会直接找老板问清原因。就事论事，直截了当，面子上不会难看，谁都不希望被蒙在鼓里。而且，也许还能听到老板的苦衷。

如果大家彼此都不满意，即使憋在心里不说，其实也是心知肚明的。

总之，有不清楚的不要乱猜，要把原因搞清楚再下结论。

3. 找工作只看利益一定做不好。

如果雯是因为老板画了个大饼就被忽悠来的，那也不能全怪老板。自己对老板的为人以及工作的其他方面是否仔细了解过？人上当，往往是因为自己的贪婪。

4. 老板与员工各自承受自己的风险。

创业要面对方方面面的压力，没有几个老板是好脾气的。在创业公司当元老、拿分红，还想要个好脾气的老板，这种事情天下难找。

老板发脾气，不应硬顶。因为人在愤怒的时候，容易失去理智，容易忘了事情本身，而是会针对激怒他的人。我是老板，这种心理我最清楚。

在创业公司里能够坚持下来的员工，是非常不容易的，他们常常是干着创业的活儿、受着创业的罪，却享受不到创业的收益。

老板在创业期要承受的是资金的风险，员工要承受的是工作的高强度及忍耐力。

5. 老板就是老板，打工者就是打工者。

不论在哪个公司，老板和员工的位置都是铁定的，拍板的肯定是老板，因为钱是他的，他有权决定怎么花。

搬高档写字楼，是个打肿脸充胖子的事，不是真正商人所为。创业，讲的是先胜而后战——要先赢利。省了成本才可能赢利！哪怕有再多的投资，最先投的也应该是人才、设备或营销，不是写字楼。

但是，即使老板的决策是错的，那也得听，并且要放下自己的情绪，认真去做，因为你是个打工者，服从就是天职。如果怀揣这种心态与老板配合，老板对你的态度也会不一样。

何况，很多事情没有对错，只是选择不同。我的一个朋友，对待老板有三个原则：一是，老板坚决要做的事情，马上执行；二是，与老板观点不同的事情，说明观点，缓执行；三是，如果老板仍旧坚持，即使自己反对也要执行。老板就是老板，他有他的道理。

6. 谁调查谁都很正常。

在不了解一个人的时候，谁调查谁都是正常的，信任是相对的。但是，调查的事情不应该让其他员工知道。同时，雯也应该反思，难道真的全是老板的错，自己就没一点问题？

7. 天下没有如意的老板。

在员工眼里，天下永远没有如意的老板。但老板可以把不如意的员工组合成为一个完美的团队，员工却无法组合老板。所以，员工必须适应老板。不在这里适应，就到别处适应。

8. 综合判断再决定去留。

小公司先看老板的人品；再看个人是否愿意与创业公司共生死，有没有足够的忍耐力；最后看公司的发展前景是否符合个人的职业发展规划。

黄志方

深圳三思纵横科技股份有限公司董事长

在我看来，老板并不是不认可这个女副总的能力，也并非不想兑现他先前的承诺，只是双方心中的秤不同，各自在心里称出的斤两存在差异。

老板的心理是：不可否认，确实由于你的到来和努力，公司有了很大的改变，但是你不能把所有功劳都揽到自己身上。

你不能忽视以下几点：第一，公司提供了一个基础平台，没有我们这个前期搭好的平台，任你有天大的本事也是枉然；第二，你的功劳，需要一个相对客观的评价，不能全部归功于你，各部门和人员的支持，也非常重要；第三，你的表现和贡献与我初始对你的期望仍有一定的差距，甚至是较大的差距。

老板一直都认可你的优秀，而没有正面指出你的不足，但是，希望你能有自我认识的能力。

老板的结论是：肯定兑现承诺，但可能与你的期望值有一定的差距；你的职位也就是销售副总，以你的能力再往上走就有难度了。

老板可能会继续引进人力资源的高管，可能会引进财务方面的高管，还可能会引进经营管理的总经理……你可能会在公司的核心团队当中，但是不一定会排在第二、第三的位置。

你现在把自己的位置摆错了，在许多方面已经超越了领导与下属之间的既有关系，你已经把自己当成二当家的了。人力资源方面并不是你的强项，老板征求你的意见或者安排你去处理，已经表现出老板对你足够的尊重和重视，但你把自己的意见看得太高，似乎不经你的同意，老板就不能执行。

公司是否搬写字楼显然属于老板层面的战略决策，你可以有想法，但你只能站在销售副总的位置上提出意见，而不能以股东和二当家的身份参与决策，毕竟你不是。另一方面，许多信息是不对称的，你并不知道老板的想法，老板会有老板的考量，例如公司正在洽谈一个大型项目，需要高档写字楼支撑门面；公司正在准备引入一个战略投资者，需要高档写字楼装点形象……种种经营背后的事情，老板并没有告诉你。

据我分析：雯的想法有点偏颇了，她认为自己功劳巨大，没有她的努力和贡献，公司不可能有今天的成绩，她是公司不可缺少的人，她当然有权参与重大决策，她理所应当就是公司的二当家，何况以前老板还这样承诺过。

但是，在股份没有兑现之前，你始终不是股东；在老板没有把你当成二当家的之前，你始终是打工者的身份。你越是不断地摆错位置，越是不停地挑战老板的权威，老板越是担心：真要给你股份，以后我的许多决策都要受你掣肘？真要给你老二的位置，这个公司你要当一半的家？

所以，这个小女子在不停地犯错，而且是大错特错！

公司如果没有你，短时间内业绩可能会受到影响，但是不会关门。反过来，公司不能没有老板，没有老板，公司一定关门。老板一定可以花钱请到和你相似甚至能力比你还强的人，虽然可能会困难一些，时间可能会长一些，代价可能更大一些，但一定是可行的。所以，老板才是不可替代的。

在俺来看，这个老板一直最发愁的是如何让你这个小女子能够正确地认清自己。既不要过高，也不能过低。但是，现在显然不是开口的好时机。目前正是你心高气傲、志得意满、得意忘形的时候。如果下属干脆就是一个草包，倒也好办，直接开掉赔钱走人；如果这个下属总体满意，那也好办，马上兑现股份、奖励和重用。最让老板难受的就是，你在销售方面确实不错，有比较大的贡献；但在其他方面没有达到老板的期望，无法担当更大的责任。

小女子觉得受了委屈，觉得老板不愿兑现承诺，觉得公司离不开自己。长啸一声：沧海一声笑，小女子我去也……表面上看起来真是潇洒。

可惜，她错了。

真正的老板不会和员工计较薪酬，职业经理人的待遇支出在老板的数字表上占比很小，他只是要平衡各方的付出与回报。

如果老板在承诺、待遇或者收入上和职业经理人斤斤计较，一定是老板心里不平衡了。

如果雯能够正确地评估自己，摆正自己的位置，或许她在这个公司的前途就是一片光明。老板完全可能逐步兑现承诺，她完全可以成为公司的合伙人，在公司继续发挥自己的销售优势、管理优势，进而拓展到人力资源、财务、公司经营……

徐　东

资深新能源产业管理人员

黄总分析精到，但是预设了一个前提，即故事中的女副总只是职业经理人。真是这样吗？

定位不清所带来的困惑确实不少，想明白了才能知道问题的核心在什么地方。

我的解决方案是：如果员工确实是企业需要的人才，而且价值观一致，可以在合适的时候把他升级为合伙人，让他一起担风险，但别忘了给合伙人分成和相应的收益；如果仅仅是职业经理人，那么回报就是薪水和奖金，在财报中只是成本，这很公平不是吗？

各位老板，做企业和做人一样，道德诚信是第一位的，诺言出口前要三思；各位高管，必须明白自己的定位是合伙人还是职业经理人，摆正位置，才能为企业发展做出贡献而不必自寻烦恼。

陆邦亮

华东冶金学院学士，光华管理学院 MBA，现创业

徐东是因为故事中提到股份，所以不明确小女子是合伙人还是职业经理人吗？

有些企业有员工持股计划，把股份当作奖金或报酬发给管理者或员工等，这并不能算作合伙人。故事中的小女子即使拿到老板承诺的股份，我也认为她最多是一个职业经理人。

跟着老板闯天下绝对要靠运气，优秀的商人相对少，普通的老板

相对多。

我认为职业经理人要保证自己的利益，应该白纸黑字写清楚，老板口头的承诺将来兑不兑现天知道。

黄志方

深圳三思纵横科技股份有限公司董事长

没错，跟谁都要签订协议，事先明确达成目标、待遇标准、支付方式、中止条件和解决纠纷的办法，不管对方是国企、外企还是民企，哪怕是党政机关，在这个问题上也不要不好意思，不要含含糊糊。

因为谁都可能骗你!

反过来也一样，老板请任何一个职业经理人也要签订协议，同样明确上述各项协议的主要要素，老板也要防止被职业经理人欺骗。

师傅曾经教我:“先小人，后君子，大家才有可能成为君子。”

其实，这不仅仅是职业经理人与老板之间的事情，整个社会都应该这样。我经常告诫下属：不要信我，今天我可以相信，明天呢？后天呢?

大家经常在讲契约精神、契约社会，真正到了自己头上，却又不好意思了。

千万不要把宝押在老板身上：老板不错，看起来挺讲信誉的……但老板可能被干掉，老板可能从飞机上掉下来。

同样，老板也不应把宝押在职业经理人身上，不要指望某个职业经理人妙手回春，一招见效，什么都懂的职业经理人一定在某一个领域是幼稚的。

侯 磊

大唐移动自动化开发经理

黄志方说是雯没有认清自己，摆正位置，可老板何尝不是如此？

每当老板提拔的下属做出成绩时，老板也会对自己的眼光沾沾自喜，认为自己给员工创造了锻炼与成长的平台，员工应该感恩自己。有些老板甚至认为我提拔你是给你机会，同样的机会给谁都成！可真是这样吗？在员工成长的过程中，我们确实付出了很多关怀和指导，但并不意味着员工就必须死心塌地地效命于伯乐。因为员工成长的关键还是自身的努力。

如果老板不能认清这点，不能及时地在员工成长的时候给予肯定和奖励，让员工一直“拿着卖白菜的钱操着卖白粉的心”，那么在利益驱动的劳务关系下，员工必然在羽翼丰满时展翅高飞。老板也只好继续挖掘千里马了。

黄志方

深圳三思纵横科技股份有限公司董事长

侯磊的点评真是太棒了！马上就要深入到人性的深处了……

作为领导，不能沾沾自喜，必须切记：关键还是员工的自身努力，自己不过是做了一点分内之事而已。

如果员工与领导都能明白对方的心思，很多事情就容易解决了。

可惜，人往往都是高估自己，低估他人。

黄铁鹰

北大光华管理学院教授，找同行网创始人

老板和经理人是一对冤家——离不开，还要天天打！他们都需要被对方互动着教育。

心理学不相信人能客观，所以才有内外归因之说。人失败了，多会从外部找原因——老板轻诺或者大话；人成功了，多会从内部找原因——聪明、坚持、果断。如果没有这个本事，人类的自杀率会高到灭绝。人这个本事是自己意识不到的（潜意识）；如果能意识到，就是自欺欺人了；人一旦知道自欺欺人，活着就没劲了。正常人能昂起头面对生活的一个重要原因是——我的失败主要是别人造成的！

说白了，就是人都会高看自己一眼。两个互不熟悉又都高估自己的人，为了各自的利益最大化坐在一起，起草了一个关于未来两人合作的契约，结果自然是聚少分多。因此，老板和经理人相配是小概率事件——天上掉馅饼不能砸在我的脑袋上——老板和经理人不相配是常态。

于是，老板和经理人的共同难题就变成如何忍受、接受、应对和喜欢这种不匹配。

我的很多学生从外企和国企转到民企后，感觉很受伤，他们大都认为：很多民营老板说话不算话。就像雯这个女子一样，当他们决定加入这一个新企业时，一定是很看重老板给的承诺才会下决心跳槽，因此，造成今天的局面，也有老板们轻诺的原因。

老板轻诺的背后，原因很复杂。但其中一点是求才若渴，饥不择食，张一个大口，最后咽不下去；另一点是：人的才能在企业能不能发挥出来，跟老板有直接关系。可是跟老板的气场对不对，面试时看不太出来，要到做事的时候才知道。

因此，我相信学生们关于民企老板不守信用的印象至少来自两个原因，一是他们对自身能力估计过高，二是一些老板也的确有轻诺习惯（说大话）。

基于此，我给学生们的建议是：再熟的公司，再熟的老板，挖你跳槽，也要把工资待遇、工作内容、责任尽可能白纸黑字地写清楚。因为你是职业经理人，跳槽首先就要职业。

结语

你要什么？

黄铁鹰

人往高处走，水往低处流。永不知足是人的天性。我教了十几年书，每届学生都会和我聊工作上的问题，有的感叹老板不公，有的遇上了天花板，有的对企业现状不满，更多的是激情殆尽感到彷徨……

彷徨往往是因为不知道自己想要什么。对大多数人来说，没钱，想要钱；有小钱了，想要大钱；没媳妇，想要媳妇；有媳妇，想要孩子；有了孩子，又望子成龙……

想要的东西太多。这些东西搅到一起，才让人想不清楚，才让人彷徨。

我女儿的闺密，留学澳大利亚名校 8 年，双学位全优毕业，2008 年加入一个香港的国际大投行。她每个星期 80 个小时的工作是常态，当然薪水也很高。第一年她买了好几个上万元的包，让我在澳大利亚做实习医生的女儿好生羡慕。可是不到两年，这姑娘辞职了。我问她为什么？她说："除了太累，我感到一点价值都没有。我的双学位没一点用，我就是一台高级复印机。客户要研究什么项目，我就要马上从资料库和谷歌上找东西，然后去粗取精，再添上开头和结尾，变成给客人量身定做的报告。有时我忙到早上 5 点钟，回家赶紧洗澡换衣服化妆，8 点 45 分准时等在客户的会议室。可是 9 点开会时，面对我熬了 24 小时整理出来的精美、全面和专业的报告，客户竟然连翻都没翻就说：这个项目我们决定放弃了。"

我讲这个故事是想说，除了外在的追求，人还有内在的追求。

我的一个助教叫李大为，在光华读完了 MBA，竟然弃商从技，当了专业摄影师。上个月我和他通电话，他兴奋地告诉我，他正在西藏高原拍摄一款新车的广告片。

我真为大为高兴。人生苦短，能做自己喜欢的工作，这样的机会不多！此时，钱和地位放到了第二位。为什么？任何职业都有倦怠期，当倦怠时，如果有兴趣支撑，就会比一般同行多坚持几年。

我活了 60 多岁，才刚明白我要什么。我也祝愿看到此书的、在职场中彷徨的人们都能想清楚自己想要的，再来决定你的选择。

主要作者

（按姓氏音序排列）

陈　锐　某世界 500 强汽车集团培训经理

陈　涛　电力设计企业项目管理人员

陈征胜　成都极致机电有限公司董事长

储卫红　银行中层干部，从事银行工作已有 30 多年

冬妮卓玛　中国政法大学商学院 MBA 老师，管理学博士

高世德　广州荣盛公司总经理

高　兮　北大光华管理学院 2011 级专业会计硕士

高　云　民营企业创业者

管理智慧群

郭志杰　从事房地产评估和土地整理行业

韩小江　奈瑞儿塑身美颜连锁股份有限公司财务总监

何风志　中信产业投资基金投资副总裁

何杰华　三亚半山半岛物业公司总助兼人资总监

贺永全　谷歌部门主管

侯　磊　大唐移动自动化开发经理

侯　麟　自由咨询师

胡健强　股票投资经理

黄铁鹰　北大光华管理学院教授，找同行网创始人

黄　欣　北京荣达利业投资咨询有限公司执行总经理

黄银铃　车联网公司高管，香港大学整合实效管理（IPM）研究生

黄志方　深圳三思纵横科技股份有限公司董事长

焦高魁　中国政法大学首届 MBA，任职于天津大通投资集团投资管理中心

Larry　新兴行业某中型民营企业营销副总裁

雷　达　滋慧文化传播有限公司杭州分公司总经理

黎　明　曼卡龙珠宝采购总监助理

李发顿　易拓软件执行董事，餐饮信息化老兵

李华松　北大光华 MBA，任职于华夏基金投资部

李坚刚　华夏幸福城市发展集团农业事业部招商及营销中心总经理

李文嬴　深圳市远致投资有限公司投资经理

李　旭　从事物联网及移动互联网工作，曾深度参与高科技企业上市工作

李依胜　管理人士

林成彬　原中粮我买网华南区筹备组组长

刘晨光　在建行、金谷信托两家国企工作近十年

刘立明　某集团常务副总

刘　涛　佳沃集团运营总监

刘文玉　北京中仪大珩科技有限公司总经理

刘勇罡　亚泰地产吉林公司总经理

陆邦亮　华东冶金学院学士，光华管理学院 MBA，现创业

路文萃　绩效管理培训师

马文姬　任职于优嘉美地（北京）商务咨询有限责任公司

Martin Wu　恒天然原料部市场经理

孟　宁　人力资源管理从业者

彭信之　北京彼得·德鲁克管理学院讲师

Peter Yang　任职于国内某合资投行，主要从事国内企业 IPO 工作

若　简　咨询公司总经理，行业专家

石　雷　国学智慧与现代管理实践者

宋锦添　某广告公司总经理，创业十余年

苏　丹　北大光华管理学院 2011 届专业会计硕士，某能源投资公司高管

隋宗池　中关源科技总裁，人力资源管理专家

孙　鹏　某房地产开发公司业务发展部高级经理，北大光华管理学院 2011 级 MBA

唐旭东　先后任 Esprit（中国）CEO、华润零售集团董事总经理

王　博　北京汇才基石管理顾问有限公司首席顾问

王克阳　从事销售团队搭建和采购管理工作

王志涛　北大 MBA，北大医疗健康管理中心副总经理

韦京汉　北京窝窝世界信息有限公司副总裁

韦志运　中国中信股份有限公司人事教育部副处长

卫　弘　中信金属有限公司人力资源总监

翁泽华　深圳市百腾科技发展有限公司总经理

无　畏　创业者

吴倩然　互联网金融公司市场总监

吴彦杰　路透资深软件工程师

武小宁　某投资公司战略运营总监，北大国际 MBA

小　雨　北大光华管理学院 MBA

徐　彬　博思笃行（北京）管理咨询公司创始人兼 CEO

徐　东　资深新能源产业管理人员

徐　放　创办多家通信服务企业，旗下宽畅通信是北京最大的交通信息服务提供商

荀　静　天津市永真眼镜有限公司人力资源副总经理

杨海燕　微软区域经理

杨少彬　金融界网站信息网络管理中心总监，北大光华管理学院 11P2 班

杨曙虹　上海经营者人才服务有限公司创新服务总监

杨文博　北京爱开科技公司总经理

杨志平　房地产行业营销高管

杨中秋　深圳市学习力文化传播有限公司首席训练师

易绚雯　深圳天源迪科投资管理部经理

余　跃　新东方集团英国高考 A-Level 项目创始人

张　捷　回归到工程师

张敏岩　联想全球供应链运营经理，北大光华管理学院 2010 级 MBA

张颖光　中国建陶营销人

张　宇　外资企业中国区销售经理

张之峰　波司登国际控股集团团购管理中心总监

张志凯　北京大学光华管理学院 2003 级本科学生

赵晓庆　联动优势科技有限公司总监

钟　荔　找同行网主编，找同行网创始人

朱世杰　实战人力资源管理专家

庄欠栋　山东省临沂市正直驾校校长

主要案例编辑

（按姓氏音序排列）

黄铁鹰　北大光华管理学院教授，找同行网创始人

梁钧平　北大光华管理学院教授，找同行网创始人

刘旭东　找同行网技术总监，找同行网创始人

刘宇波　找同行网首席执行官，找同行网创始人

温　浩　找同行网营销总监，找同行网创始人

钟　荔　找同行网主编，找同行网创始人